TU VEUX EN SAVOIR PLUS SUR LES HABITUDES DE VIE LIÉES À UN MODE DE VIE SAIN ET ACTIF?

TU AIMERAIS FAIRE LE BILAN DE TES CONNAISS[...]

RENDS-TOI SUR LE COMPAGNON WE[...]
LA COLLECTION *SAINS ET ACTIFS* À L[...]RESSE

www.erpi.com/sainsetactifs.cw

Tu y trouveras:

✓ ton plan d'action virtuel que tu pourras compléter **EN LIGNE**;

✓ des informations variées et fiables sur les habitudes de vie (ex.: diagrammes, photographies, tableaux, textes, vidéos, etc.) qu'on t'invite à adopter ou à maintenir dans ton plan d'action;

✓ des suggestions de lectures, des adresses Internet et diverses ressources;

✓ des activités complémentaires à celles de ton cahier et des outils pratiques pour réaliser de courts projets;

✓ et plus encore...

Comment avoir accès au **Compagnon Web**?

1. Va à l'adresse **www.erpi.com/sainsetactifs.cw**

2. Entre le nom d'utilisateur et le mot de passe ci-dessous:

Nom d'utilisateur	Mot de passe
cw12814	fa23ag

3. Suis les instructions à l'écran

Assistance technique: tech@erpi.com

11098W

1re
secondaire

Sains et actifs

ÉDUCATION PHYSIQUE ET À LA SANTÉ • CAHIER DE SAVOIRS ET D'ACTIVITÉS

Richard Chevalier

Stéphane Daviau

ERPI

ÉDITIONS DU RENOUVEAU PÉDAGOGIQUE INC.

5757, RUE CYPIHOT, SAINT-LAURENT (QUÉBEC) H4S 1R3

TÉLÉPHONE : 514 334-2690   TÉLÉCOPIEUR : 514 334-4720

erpidlm@erpi.com   **w w w . e r p i . c o m**

Directrice de l'édition
Diane Pageau

Chargées de projet
Valérie Lanctôt
Marie-Soleil Boivin
Sylvie Gagnon

Recherchistes (photos et droits)
Pierre-Richard Bernier
François Daneau
Jocelyne Gervais
Marie-Chantal Masson

Réviseures linguistiques
Valérie Lanctôt
Nathalie Larose

Correcteurs d'épreuves
Pierre-Yves L'Heureux
Isabelle Rolland

Directrice artistique
Hélène Cousineau

Coordinatrice aux réalisations graphiques
Sylvie Piotte

Conception graphique
Benoit Pitre

Édition électronique
Interscript

Couverture
Benoit Pitre

Consultants scientifiques

- **Luc Denis**, directeur des programmes de Sports-Québec (responsable notamment du Programme des Jeux du Québec et du Programme national de certification des entraîneurs (P.N.C.E.) pour le Québec). Membre du conseil d'administration de l'Association canadienne des entraîneurs (depuis 2006).
- **Marielle Ledoux**, Dt.P., Ph. D., professeure titulaire du Département de nutrition de l'Université de Montréal. Coauteure de l'ouvrage *Nutrition, sport et performance*, conseillère des athlètes du Centre national multisport-Montréal et formatrice à l'Institut national de formation des entraîneurs.
- **Patrick Leduc**, joueur professionnel de soccer, entraîneur et directeur technique de soccer au Collège Français de Longueuil et à l'Association régionale de soccer de la Rive-Sud.
- **Michel Portmann**, Ph. D. (physiologie de l'effort), professeur titulaire retraité du Département de kinanthropologie de l'UQAM et entraîneur d'athlètes olympiques, dont Bruny Surin.
- **Lynda Thibeault,** MD, B. Sc. nutrition humaine, M. Sc., FRCPC, D.E.P.A. médecin conseil spécialiste en médecine communautaire à la Direction de santé publique de Laval, Unité Prévention-promotion.

Consultants pédagogiques (enseignants en éducation physique et à la santé au secondaire)

Benoît Lavoie, École secondaire Camille-Lavoie, CS Lac-Saint-Jean.

Rémi Lemay, École secondaire Ozias-Leduc, CS des Patriotes.

Simon Paquette, Collège Notre-Dame-de-Lourdes, Longueuil.

Robert Richard, École Mitchell-Montcalm, CS de Sherbrooke.

Johanne Tremblay, Polyvalente de La Baie, CS Rives-du-Saguenay.

Remerciements

Les auteurs et l'éditeur remercient Paul-Émile Gagnon et Karolanne Livernode-Gerbeau pour avoir accepté de livrer leur témoignage d'un parcours sain et actif, transmis dans la section RENCONTRE AVEC.

Ils remercient également les 35 enseignants en éducation physique et à la santé des régions de Montérégie, Sherbrooke, Québec et Saguenay-Lac-Saint-Jean pour avoir transmis leurs conseils judicieux lors de l'élaboration de cet ouvrage.

Ils tiennent également à remercier le Collège Français secondaire de Longueuil pour avoir gracieusement contribué à la séance de photographies des exercices illustrés dans la section BILAN DE TA CONDITION PHYSIQUE. Un merci tout spécial à Rubiela Amaya, Nathalie Gendron, Pierre Giguère et Christine Lemieux.

Dépôt légal – Bibliothèque et Archives nationales du Québec, 2009
Dépôt légal – Bibliothèque et Archives Canada, 2009

Imprimé au Canada   4567890 SO 14 13
ISBN 978-2-7613-2990-3   11098 ABCD ENV94

Par souci d'environnement, ce cahier est imprimé sur du papier contenant 100 % de fibres recyclées postconsommation, fabriqué au Québec, certifié Éco-Logo, traité avec un procédé sans chlore et fabriqué à partir d'énergie biogaz.

Table des matières

Vue d'ensemble
de ton cahier

La collection **Sains et actifs** accompagne les élèves du secondaire dans le développement de la compétence 3 du programme de formation en éducation physique et à la santé : *Adopter un mode de vie sain et actif.*

Le contenu se présente sous une forme dynamique et colorée, appuyée par de nombreuses photographies et rubriques. Au-delà de l'attrait visuel, ces éléments jouent un rôle important dans les savoirs liés aux habitudes de vie et aux paramètres d'une vie saine et active. Les activités proposées te permettront de faire le point sur tes connaissances et de t'interroger sur les causes et les conséquences de certains choix dans ton mode de vie pour en tirer tes propres conclusions.

Nous t'invitons à mieux comprendre ce qu'on entend par *adopter un mode de vie sain et actif* et à te questionner sur les divers aspects de tes habitudes de vie : activité physique, alimentation, sommeil, hygiène personnelle et substances nuisibles pour ta santé.

Bien dans ta peau, bien dans ta tête: pas si bête!

Fais le point,
Tout bien réfléchi ! et
Bilan de ta condition physique

Des activités diverses te permettent de vérifier ta compréhension, d'interpréter les informations et t'invitent à réfléchir sur les aspects liés à l'importance d'adopter un mode de vie sain et actif. Une section spécifique où tu pourras faire le bilan de ta condition physique actuelle pour t'aider à fixer tes objectifs personnels à intégrer à ton plan d'action.

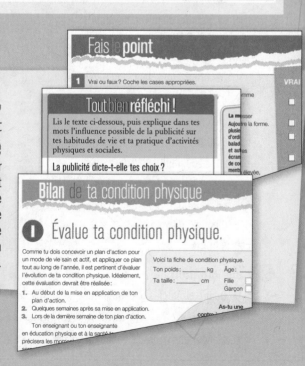

Fais le point

1 Vrai ou faux? Coche les cases appropriées.

Tout bien **réfléchi !**

Lis le texte ci-dessous, puis explique dans tes mots l'influence possible de la publicité sur tes habitudes de vie et ta pratique d'activités physiques et sociales.

La publicité dicte-t-elle tes choix ?

Bilan de ta condition physique

1 Évalue ta condition physique.

Comme tu dois concevoir un plan d'action pour un mode de vie sain et actif, et appliquer ce plan tout au long de l'année, il est pertinent d'évaluer l'évolution de ta condition physique. Idéalement, cette évaluation devrait être réalisée :

1. Au début de la mise en application de ton plan d'action.
2. Quelques semaines après sa mise en application.
3. Lors de la dernière semaine de ton plan d'action.

Ton enseignant ou ton enseignante en éducation physique et à la santé te précisera les moments...

Voici ta fiche de condition physique.
Ton poids : _____ kg   Âge :
Ta taille : _____ cm   Fille
                          Garçon

RENCONTRE AVEC te présente des adolescents actifs qui accordent de l'importance à un mode de vie sain et actif. L'activité physique prend une grande place dans leur horaire et ils y trouvent des sources de valorisation, de motivation, de développement personnel et de plaisir.

ZOOM SUR… te fait connaître des personnalités dont le profil est lié aux thèmes traités dans la section où elles apparaissent.

En rafale

Les règles et l'activité physique

Il y a quelques légendes urbaines qui circulent à propos des règles et l'activité physique. Certaines sont vraies, d'autres sont fausses. Il faut dor des choses…

Si j'ai mes règles, est-ce qu'il vaut mieux que je saute mon cours d'éducation physique et à la santé ?

Non, car le fait d'avoir ses règles n'est pas un obstacle à la pratique d'une activité physique, même vigoureuse. D'ailleurs, les filles de ton âge qui pratiquent un sport de compétition ne changent rien à leur programme d'entraînement lorsqu'elles ont leurs règles. Avoir ses règles ne signifie pas être malade, après tout, même si on le croyait… au 18e siècle !

Est-ce vrai que, si j'ai mes règl de natation ?

Faux. Il suffit de mettre un tamp hygiénique, et le tour est joué. sang à l'intérieur du corps. Si tes règles et que tu as une scine sportive, as les règles

Dans un style dynamique et concis, prenant l'allure d'un blogue, **EN RAFALE** te présente des questions et des réponses portant sur des sujets importants liés à la santé et à l'activité physique.

La multiplication des écrans

Aujourd'hui, les maisons comptent plusieurs écrans : écran de télévision, d'ordinateur, de console de jeux, de baladeur numérique, de cellulaire et autres. Cette multiplication des écrans entraîne un enchaînement de conséquences sur les comportements des jeunes de ton âge :

1. En moyenne, les jeunes de ton âge passent désormais plus de 30 heures par semaine devant un écran.

2. Ce temps passé devant un écran réduit donc de 30 heures par semaine le temps qu'ils pourraient allouer au besoin de bouger de leur corps.

3. En plus d'être passifs devant un écran, les jeunes ont tendance à grignoter des collations riches en calories mais pauvres en valeur nutritive.

Des textes en encadré complètent chacune des sections par des données provenant d'études, d'enquêtes ou d'organismes qui sont des références précieuses pour parfaire ta compréhension des thèmes développés.

Des rubriques ajoutent, aux endroits appropriés, de l'information pertinente au thème traité dans chaque section du cahier.

PENSE-BÊTE !

Adopter un mode de vie sain et actif, c'est…

1. Connaître les effets de certaines de tes habitudes de vie sur ta santé et ton bien-être.

2. Évaluer la qualité de tes habitudes de vie.

3. Élaborer un plan d'action personnel visant à modifier certaines de tes habitudes de vie et à inclure la pratique régulière d'au moins une activité physique dans ton horaire de la semaine.

4. Mettre en pratique ton plan d'action personnel pendant au moins huit semaines.

5. Faire le bilan de ton expérience et mesurer les changements obtenus grâce à ton plan.

PENSE-BÊTE ! résume les renseignements importants à retenir pour ta réflexion sur ton plan d'action.

Les mots clés, qui sont surlignés en vert, sont définis pour t'aider à mieux comprendre le sujet traité. Ces mots clés sont repris dans le glossaire à la fin du cahier.

Contraction
Réaction des muscles par laquelle ils se resserrent et deviennent durs.

POUR EN SAVOIR PLUS

Consulte le livre *Nutrition, sport et performance*, publié par Géo Plein Air, ou visite le site Internet

www.coach.ca/nutrition

Suggestions de publications, de sites Web, d'organismes de soutien ou de référence en lien avec le thème abordé.

Référence au **COMPAGNON WEB** de la collection, où tu trouveras des renseignements complémentaires, des idées de projets et des activités supplémentaires. Tu y trouveras aussi un canevas qui te permettra de créer ton portfolio personnel et ton plan d'action virtuel.

Comparés avec les jeunes d'il y a 30 ans, ceux d'aujourd'hui sont 40 % moins actifs. Particulièrement au début de l'adolescence (vers l'âge de 12-13 ans), un nombre important de jeunes diminuent significativement leur niveau d'activité physique.

Une vie saine et active

Ça y est. Te voilà maintenant au secondaire, dans un univers à découvrir : une nouvelle école, de nouveaux enseignants, de nouveaux amis et d'autres personnes que tu ne connais pas encore.

Le programme d'éducation physique et à la santé t'apporte aussi de la nouveauté. En plus de continuer à découvrir des activités physiques et d'améliorer tes habiletés motrices, tu auras à accomplir une noble tâche : réfléchir et agir sur tes habitudes de vie.

Cette tâche est noble parce qu'il s'agira de prendre le temps de t'arrêter pour penser à toi, à ton bien-être et à ta santé.

Avant d'aller plus loin, entendons-nous d'abord sur le sens des mots *bien-être* et *santé*. Le bien-être est un état de satisfaction du corps et de l'esprit.

Quant à la santé, elle se définit comme étant un état

Le bien-être est un état de satisfaction du corps et de l'esprit

de bien-être physique et mental. Cet état est à la portée de tous, même des personnes atteintes d'une maladie ou d'un handicap. Ainsi, une personne peut être atteinte du diabète de type 1 et jouer au hockey ou au soccer en autant qu'elle contrôle bien le taux de sucre dans son sang. Une personne peut aussi avoir un handicap physique ou intellectuel et mener une vie saine et active. La santé, c'est plus que l'absence de maladie.

Comme tu le vois, être bien et en santé est un processus dynamique qui t'engage à choisir judicieusement tes habitudes de vie. Il faut que tu investisses dans ton capital santé : l'ensemble des ressources qui te permettront de rester en santé ! Mais, d'abord, levée de rideau sur ton environnement extérieur (tout ce qui t'entoure) et sur ton environnement intérieur (tout ce qui t'habite).

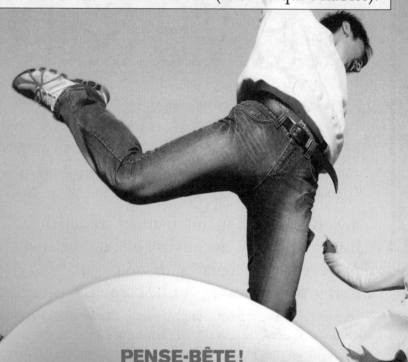

PENSE-BÊTE !

Adopter un mode de vie sain et actif, c'est...

1. Connaître les effets de certaines de tes habitudes de vie sur ta santé et ton bien-être.

2. Évaluer la qualité de tes habitudes de vie.

3. Élaborer un plan d'action personnel visant à modifier certaines de tes habitudes de vie et à inclure la pratique régulière d'au moins une activité physique dans ton horaire de la semaine.

4. Mettre en pratique ton plan d'action personnel pendant au moins huit semaines.

5. Faire le bilan de ton expérience et mesurer les changements obtenus grâce à ton plan.

L'intégration de l'activité physique au quotidien

L'adoption d'un mode de vie sain et actif ne se limite pas à pratiquer une activité physique. Il ne faut pas non plus l'associer systématiquement à la pratique d'un sport. L'important, c'est d'intégrer la notion d'action et de mouvement dans ton quotidien.

Diverses formes de pratiques d'activité physique te permettent d'améliorer ta condition physique, sans nécessairement chercher à devenir un ou une athlète émérite. Tu dois choisir en fonction de tes intérêts, et tenir compte de ton horaire et des ressources auxquelles tu as accès.

Les moyens que tu prends pour te déplacer peuvent représenter un premier pas vers un mode de vie plus actif. De même, la décision d'emprunter systématiquement les escaliers quand c'est possible, de marcher ou d'aller à vélo au lieu de te déplacer en auto ou en autobus, d'augmenter ta participation aux tâches ménagères ou d'entretien extérieur, sont autant de petits gestes posés au quotidien qui constituent un bon début si tu es sédentaire. Choisir un transport actif, c'est privilégier la marche ou le vélo, la planche à roulettes ou le patin à roues alignées. Ce sont toutes des façons agréables pour toi de te déplacer tout en étant en action.

Le plaisir est central dans une vie saine et active

Exemples de bienfaits de l'activité physique

Psychosocial

* Amélioration de la perception de son corps
* Développement de la psychomotricité
* Amélioration de l'estime de soi
* Développement de la sociabilité
* Diminution du grignotage
* Régulation de l'appétit
* Augmentation des aptitudes à l'effort
* Renforcement des muscles et des os

Physique

* Augmentation de la dépense d'énergie
* Équilibre du cyle rythme veille-sommeil

Source : Adapté de DéfiMousquetaires [en ligne]. (Consulté le 20 février 2009.)

Un principe important à te rappeler est de bouger pour te sentir bien et choisir des activités que tu aimes. Le plaisir est central dans une vie saine et active.

① Ton environnement extérieur est...

... à 1000 lieux de celui dans lequel vivaient tes parents à ton âge et encore plus éloigné de celui de tes grands-parents. Les ordinateurs de poche, les télévisions à écran géant, Internet, les jeux vidéo, les avions qui transportent 500 passagers, les autos qui démarrent à distance, les navettes spatiales qui tournent autour de la Terre, les antibiotiques, les ultrasons, les transplantations cardiaques, toutes ces innovations, et bien d'autres qui font partie de ton quotidien, n'existaient pas il y a à peine 100 ans. C'est dire combien le monde a changé en peu de temps ! On pourrait appeler cela une *révolution* tellement le rythme de la vie de tous les jours s'est accéléré. Du jamais vu, en fait !

> **Toutes ces innovations, et bien d'autres qui font partie de ton quotidien, n'existaient pas il y a à peine 100 ans**

En effet, tu vis dans un monde de plus en plus numérique et *Wi-Fi*. Ces grands changements ont contribué à élargir les sources d'information, ont aussi amené une nette amélioration de l'hygiène de vie et ont permis à la médecine de faire des pas de géant. C'est pour ces raisons que, au Canada, la durée de vie moyenne d'une génération, ou l'**espérance de vie**, atteint aujourd'hui 80 ans, un sommet depuis les premiers humains qui, eux, ne vivaient guère plus de 30 ans en moyenne. Il faut par contre te rappeler que l'important, c'est d'avoir une espérance de vie *en santé* !

Espérance de vie

Durée moyenne de la vie des êtres humains dans une société donnée, établie selon le sexe.

Pour les enfants nés en 2007, l'espérance de vie est de 78 ans pour un homme et de 83 ans pour une femme.

1.1 Le revers de la médaille : on bouge de moins en moins

Il y a cependant une contrepartie à toutes ces merveilles technologiques qui te facilitent la vie de plus en plus : la réduction constante de l'effort physique dans ta vie de tous les jours. De nos jours, tu pourrais passer une journée entière sans fournir un seul effort physique modéré, et encore moins vigoureux. Cette réduction de l'effort physique fait en sorte que tes muscles, tes os, et en particulier ton cœur, ne sont pas suffisamment utilisés ; ils perdent ainsi, petit à petit, de leur efficacité et de leur solidité. Sans oublier le fait qu'en bougeant moins, tu brûles moins de calories.

Notre corps est fait pour bouger. En conséquence, moins tu bouges et plus tu risques de prendre du poids. C'est d'ailleurs ce qui se produit depuis quelques années, malheureusement, particulièrement chez les jeunes de ton âge. L'embonpoint et l'obésité sont en constante augmentation et, si la tendance se maintient, notre espérance de vie pourrait même diminuer, ce qui serait aussi une première historique, pas très positive celle-là.

De nos jours, tu pourrais passer une journée entière sans fournir un seul effort physique modéré, et encore moins vigoureux

> Selon les statistiques, les gens brûlent, en moyenne, chaque jour, de 400 à 600 calories de moins qu'il y a 100 ans ! En même temps, l'offre de nourriture n'a pas cessé d'augmenter.

1.2 Quand la balance se débalance !

De 1900 à aujourd'hui : 500 calories de moins par jour !

Bien sûr, on ne peut pas revenir en arrière et s'éclairer de nouveau à la chandelle pendant que le cheval, hennissant dehors, attend son prochain passager. Il faut s'adapter à ce monde où l'effort physique est de moins en moins nécessaire au quotidien, et trouver des moyens pour répondre à un des besoins les plus importants du corps humain : bouger !

Tout ça pour te dire que ton environnement extérieur est certainement exaltant et changeant, mais qu'il te pose un défi de taille : plus que jamais, tu devras t'occuper toi-même de ta santé parce que notre mode de vie actuel ne la favorise pas beaucoup.

C'est un défi que tu es capable de relever si tu prends le temps de :
* ★ **Réfléchir à tes habitudes de vie.**
* ★ **Apporter des changements souhaitables pour ton bien-être.**

ZOOM SUR…

CHANTAL PETITCLERC : hémiplégique et superchampionne olympique

Chantal Petitclerc est née le 15 décembre 1969 à Saint-Marc-des-Carrières, au Québec. À 13 ans, un accident grave la prive de l'usage de ses jambes. Un enseignant en éducation physique de son école secondaire, Gaston Jacques, jouera un rôle déterminant dans sa vie en la persuadant de développer sa **force** physique et son endurance en faisant de la natation. Pour Chantal, c'est un premier contact avec le sport et l'entraînement. À l'âge de 18 ans, elle rencontre une autre personne qui a une grande influence sur sa vie. Pierre Pomerleau, un entraîneur de l'Université Laval, à Québec, lui fait découvrir l'athlétisme en fauteuil roulant. Utilisant un fauteuil *modifié selon ses besoins,* elle participe à sa première compétition et termine… bonne dernière. Qu'à cela ne tienne, c'est le coup de foudre pour la course et le début d'une longue et fructueuse carrière !

Parallèlement à sa carrière sportive, elle poursuit ses études, d'abord, en sciences humaines au cégep de Sainte-Foy et, par la suite, en histoire à l'Université de l'Alberta, à Edmonton, où elle s'est inscrite afin de pouvoir s'entraîner sous la direction de Peter Eriksson, qui est toujours son entraîneur. Chantal participe à ses premiers Jeux paralympiques à Barcelone, en 1992. Ces Jeux réunissent des athlètes ayant un handicap physique. Elle y récolte deux médailles de bronze, et ce n'est qu'un début. Aujourd'hui, elle a remporté 22 médailles paralympiques dont 15 d'or ! Elle a même établi un record de tous les temps en remportant cinq médailles d'or en cinq épreuves, aux Jeux olympiques d'Athènes, en 2004, et à ceux de Beijing, en 2008.

Chantal Petitclerc.
Fière de sa médaille d'or remportée à l'épreuve du 400 m, à Windsor (Ontario), en juillet 2008.

Force
Tension qu'un muscle ou qu'un groupe de muscles peut opposer à la résistance.

Chantal Petitclerc.
Bonne première au fil d'arrivée du 1500 m, aux Jeux olympiques de Beijing, en 2008.

Fais le point

1 Complète les phrases suivantes à l'aide des mots présentés dans l'encadré. Tous les éléments doivent être utilisés et chacun ne peut être utilisé qu'une fois.

actif	dépense	mode	sain	600
changements	énergétique	numérique	technologiques	78 ans
condition	diminution	réduction	télévision	83 ans
physique	jeux vidéo	relever	400	

Depuis les années 1960, le monde qui nous entoure n'a cessé d'évoluer. En raison de nombreux

_____ technologiques, la vie a été complètement transformée.

En effet, tu vis dans un monde de plus en plus _____ et *Wi-Fi*.

Il y a cependant une contrepartie à toutes ces merveilles _____

qui te facilitent la vie de plus en plus : la _____ constante de

l'effort physique.

Aussi, tu bouges de moins en moins, car des solutions plus faciles s'offrent à toi pour te divertir,

comme regarder la _____, jouer aux _____

_____, etc. Par contre, ces activités sont beaucoup moins

efficaces pour améliorer ou maintenir ta _____.

Depuis quelques années, les gens font de moins en moins d'activité physique et ils

brûlent, en moyenne, chaque jour, de _____

à _____ calories de moins qu'il y a 100 ans. Cette

baisse d'activité physique engendre une _____

de la _____, ce qui peut provoquer

l'apparition précoce de certaines maladies qui arrivaient beaucoup plus tard par le passé.

Tu dois donc te prendre en main et _____ le défi qui s'offre

à toi pour conserver un _____ de vie

_____ et _____.

Tu contribueras ainsi à maintenir l'espérance de vie à _____

pour les hommes, et à _____ pour les femmes.

2 Observe les photographies. Elles représentent des innovations technologiques.

a) Nomme cinq innovations qui ont contribué à changer les modes de vie de l'être humain en général. Inscris tes réponses dans la colonne A du tableau.

b) Nomme cinq innovations qui ont contribué plus particulièrement à réduire **ton** niveau d'activité physique. Inscris tes choix dans la colonne B du tableau.

A. Cinq innovations ayant contribué à changer les modes de vie de l'être humain en général	B. Cinq innovations ayant contribué à réduire l'effort physique dans ma vie

c) Que pourrais-tu faire pour augmenter ton niveau d'activité physique ? Nomme deux actions concrètes et explique-les brièvement.

Action 1 _____

_____

_____

_____

_____

Action 2 _____

_____

_____

_____

_____

_____

Si tu veux en savoir plus sur les **innovations technologiques**, consulte le Compagnon Web où tu trouveras un petit questionnaire et une série de photographies à l'aide desquels tu pourras faire un sondage auprès de tes parents ou de tes amis. Cette activité te permettra de comparer leurs réponses avec les tiennes.

3 Observe ces deux photographies. Note les aspects positifs et les aspects négatifs du mode de vie des jeunes, que tu peux déduire à partir des deux photographies.

A

B

PHOTOGRAPHIE A	PHOTOGRAPHIE B
Aspects positifs	**Aspects positifs**
_____	_____
_____	_____
_____	_____
_____	_____
_____	_____
_____	_____
Aspects négatifs	**Aspects négatifs**
_____	_____
_____	_____
_____	_____
_____	_____
_____	_____

4 Pour quelle raison, selon toi, le taux d'obésité augmente-t-il ? Encercle la bonne réponse.

A. Nos parents sont plus gros que nos grands-parents.

B. Une plus grande proportion d'individus ne bougent plus assez au quotidien.

C. L'hérédité s'est déréglée avec le temps.

5 Maintenant que tu comprends mieux ce qui est bon pour ton corps, réponds aux questions suivantes.

a) Décris en quelques lignes ce que signifie pour toi une saine habitude de vie.

_____

_____

_____

_____

_____

_____

_____

_____

_____

_____

b) Relis la définition de la notion de *santé*, présentée à la page 3. Selon toi, es-tu en bonne santé ? Explique ta réponse.

_____

_____

_____

_____

_____

_____

_____

_____

_____

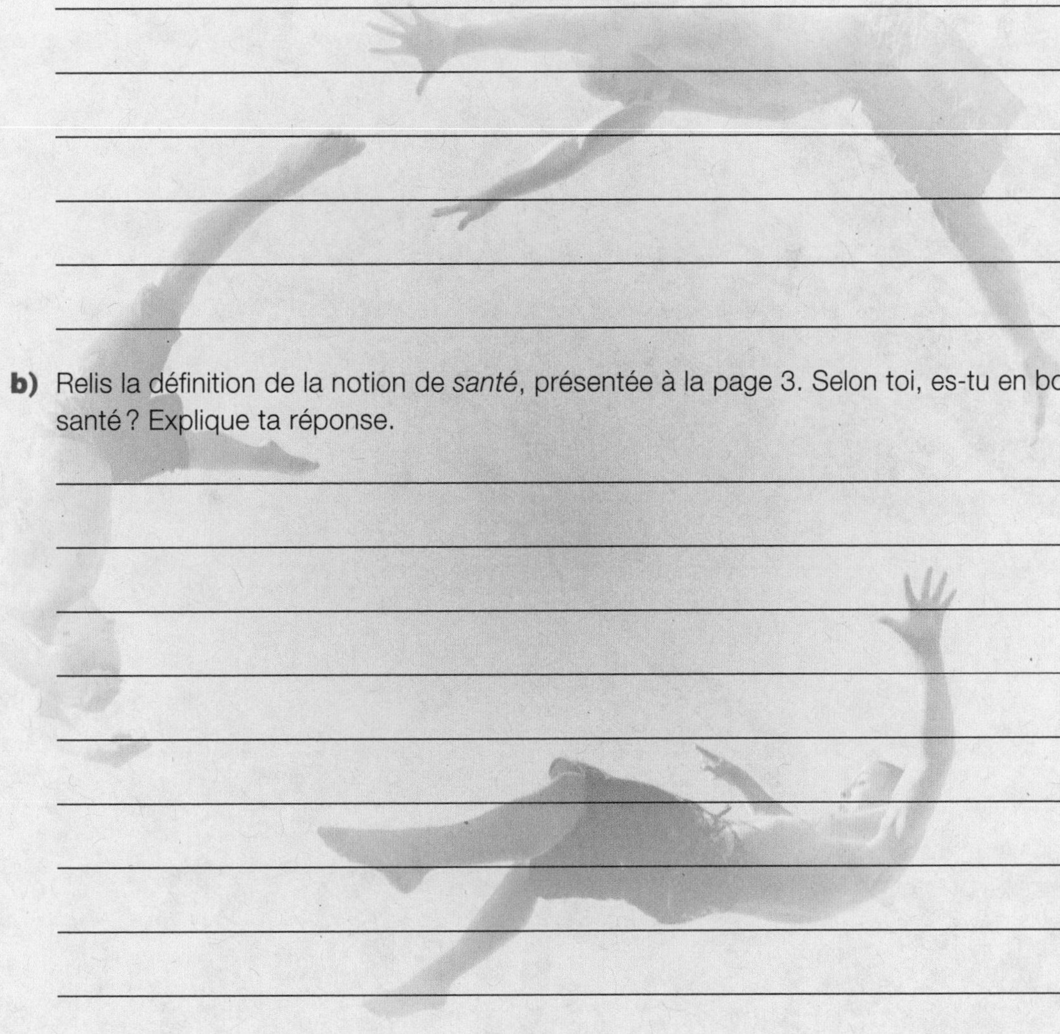

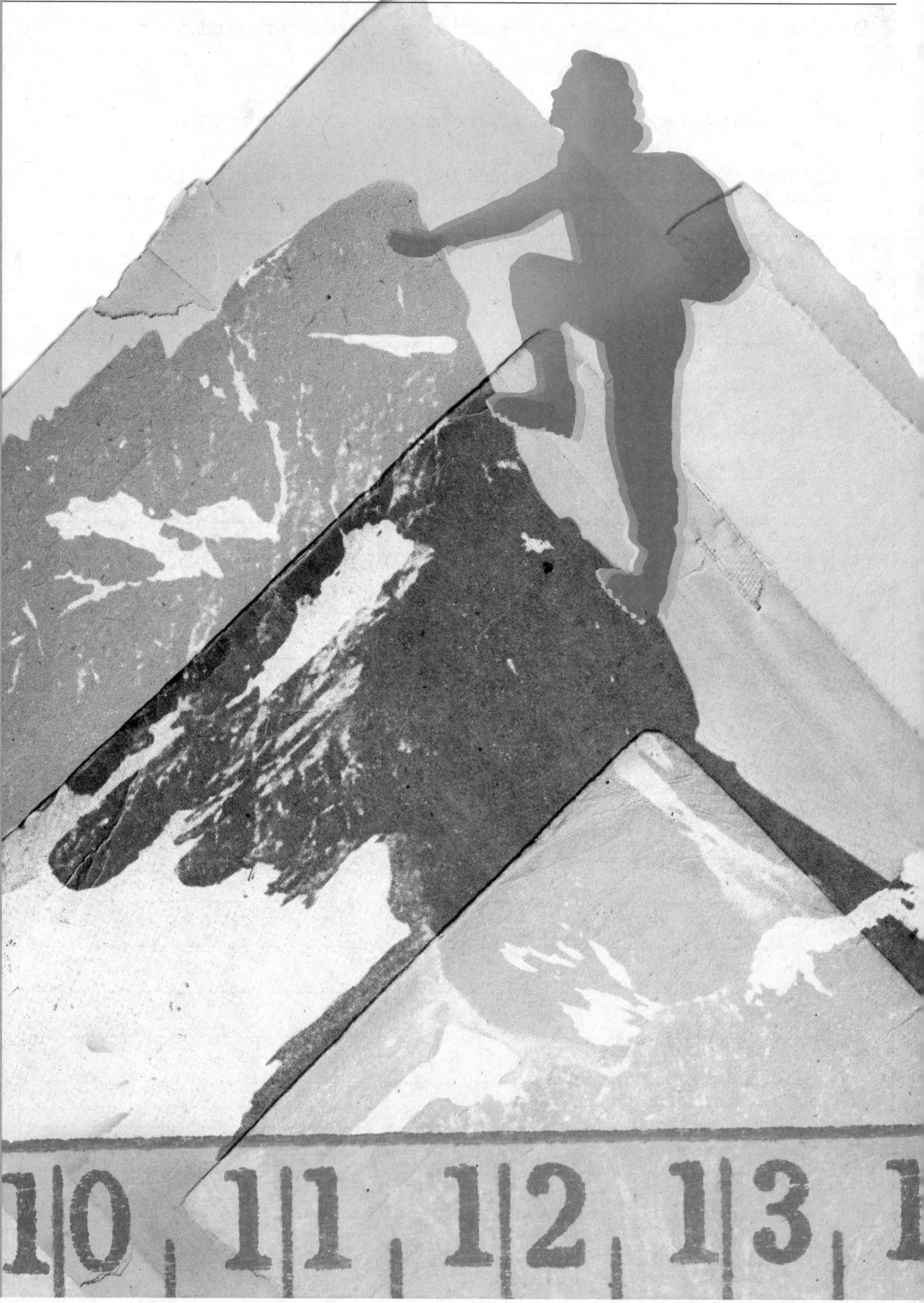
10
11
12
13

② Ton environnement intérieur est...

… celui qui te fait croître chaque jour qui passe. Chez les filles de ton âge, on parle même d'un pic de **croissance**, alors qu'il survient plutôt vers 14-15 ans chez les garçons. Entre 10 et 17 ans, tes os gagnent en épaisseur et en longueur, à raison de 30 % à 40 %, ton poids peut doubler ou presque et ta taille peut aussi augmenter de plusieurs centimètres.

En fait, c'est au cours de l'adolescence que ton corps subira la plus grande métamorphose. La vitesse de croissance est très prononcée durant cette période comparativement aux autres étapes de ton développement.

Pendant ces quelques années de grands changements physiques, tu traverseras des périodes intenses de questionnement et d'expérimentation.

Croissance

Accroissement en dimensions et en poids d'un organisme ou d'un organe résultant de l'élongation et de la multiplication des cellules, jusqu'à son développement complet.

La période de croissance commence avec la naissance et se termine à l'état adulte. En général, la croissance ne se déroule pas selon un rythme constant, mais par périodes d'accélération et de ralentissement. Par exemple, l'adolescence se caractérise par une poussée marquée de la taille et du poids.

De l'homme préhistorique à aujourd'hui

L'être humain, contrairement à son environnement extérieur, n'a presque pas changé au fil des siècles. Son corps s'est tout de même modifié quelque peu. L'homme préhistorique avait besoin d'une forte mâchoire pour mastiquer de la viande crue. Avec le temps, la mâchoire inférieure a rétréci parce que la nourriture cuite se mastique plus facilement.

Aussi, le petit orteil a vraiment diminué depuis l'invention des chaussures, qui ont forcé le pied de l'homme à s'adapter. Bien que l'homme soit plus grand, c'est le même code génétique et les mêmes phénomènes chimiques qui gèrent sa croissance.

Quels sont donc ces phénomènes biologiques qui t'habitent sans que tu puisses les voir? Ce sont ceux d'un **système** vivant, peuplé d'entités **biologiques** microscopiques en constante interaction, pour ne pas dire en ébullition à cette période de ta vie. Ces entités ont pour nom *cellules, enzymes, hormones,* etc. Leur mission? Te faire grandir, amener à maturation ton foie, ton cœur, tes poumons, tes reins, tes muscles, tes os, bref, tous tes organes et tes tissus.

Quels sont donc ces phénomènes biologiques qui t'habitent sans que tu puisses les voir?

Système

Un système est un ensemble d'éléments interreliés qui exercent une influence les uns sur les autres. Par exemple, le système respiratoire est formé d'organes (poumons, trachée, nez, etc.) qui te permettent de respirer l'air et de transformer l'oxygène pour que ce gaz soit utilisé par les cellules de ton corps.

Biologique

Qui a rapport aux phénomènes communs à tous les organismes vivants.

Cette transformation de ton corps rend encore plus pertinente la nécessité de réfléchir et d'agir sur tes comportements de tous les jours. Souviens-toi de cela quand les sirènes de la vie facile et de la tentation, nombreuses aujourd'hui, rôderont autour de toi.

Tout bien réfléchi !

Lis l'article ci-dessous et souligne les principaux changements susceptibles de se présenter au cours de l'adolescence.

Même si tes années d'adolescence peuvent avoir des allures de montagnes russes, les expériences que tu vis maintenant vont t'aider à devenir un adulte équilibré et heureux. Il se peut que tu reconnaisses des changements qui se passent en toi ces jours-ci...

Les changements physiques semblent survenir à la vitesse de l'éclair, mais en même temps, ça ne se passe pas à la même vitesse que pour tes meilleurs amis. Relaxe, il est important de te rappeler que ton corps change à son propre rythme parce que chaque individu est différent.

Tout comme ton corps change, ton cerveau change aussi et tu acquiers la capacité de comprendre le monde fou, fou, fou dans lequel tu vis. En comprenant davantage ce monde et en développant ta propre vision à son sujet, tu commences à associer des sentiments, des émotions et des désirs à tes expériences, ce qui t'aide ensuite à prendre tes propres décisions.

Les copains rendent la vie plus amusante aussi! Ce sont maintenant eux qui t'apportent le soutien que tu allais chercher chez tes parents avant. C'est pour ça qu'il est important de veiller à ce que tes amis partagent les mêmes valeurs et les mêmes principes que toi.

Une minute, c'est le bonheur total ; la minute d'après, c'est la catastrophe. Qu'est-ce qui se cache derrière ces sautes d'humeur ? Ce qui importe, c'est de trouver une façon de reconnaître et de gérer tes émotions... ce qui est plus facile à dire qu'à faire. Ces émotions sont parfaitement normales et la seule façon de ne pas les ressentir serait de ne pas être humain. Évidemment, tu accordes de l'importance à ton apparence. Mais qui peut dire que tu n'es pas bien, juste comme tu es ? Être unique en ton genre, c'est ça qui te donne du charme !

Source : Adapté de Ma sexualité, *La vie après la puberté* [en ligne]. (Consulté le 20 novembre 2008.)

Hormone de croissance

Hormone sécrétée par le cerveau qui stimule la croissance chez les humains et les animaux. Sa production augmente considérablement pendant l'adolescence afin de favoriser, en particulier, la croissance des os, des muscles et des cartilages.

2.1 Nains et géants : quand l'hormone de croissance s'essouffle ou s'emballe

C'est pendant l'enfance et l'adolescence que le corps produit le plus d'**hormone de croissance**.

Il arrive que la production de cette hormone soit insuffisante ou trop abondante. Si elle est insuffisante, cela ralentit la croissance de la taille et peut conduire au nanisme, ou petitesse anormale d'une personne. Si, au contraire, elle est trop abondante, il y a accélération de la croissance et, en particulier, de la taille, ce qui peut conduire au gigantisme.

ZOOM SUR...

Little Beaver (1935-1995).
Bien accroché au cou de son adversaire.

Le géant Beaupré (1881-1904).
Le plus grand des trois.

LITTLE BEAVER :
lutteur-vedette nain

Little Beaver, Lionel Giroux, de son vrai nom, est né en 1935, à Saint-Jérôme.

- À l'âge de huit ans, il est beaucoup plus petit que la moyenne et doit affronter les préjugés de ses camarades de classe.

- À l'âge de 15 ans, Lionel décide d'exploiter sa particularité pour gagner sa vie. Il quitte Saint-Jérôme et apprend le métier de lutteur. Grâce à ses talents athlétiques et acrobatiques, il devient rapidement une vedette internationale de la lutte.

- À New York, son entraîneur le persuade de porter une coupe de cheveux à l'iroquoise et le surnomme *Little Beaver*. Cette image et ce nom feront son succès pendant des années au Canada, aux États-Unis et même au Japon.

LE GÉANT BEAUPRÉ :
un parcours de courte durée

À sa naissance, Édouard Beaupré pèse quatre kilos et ressemble à n'importe quel enfant. Rien ne laisse croire qu'il sera différent jusqu'à l'âge de trois ans. Puis, il se met à grandir de façon incroyable.

- On raconte qu'à 9 ans, il mesurait 1,80 m ; à 12 ans, 1,95 m ; et à 17 ans, 2,27 m.

- À l'âge adulte, il atteint 2,45 m et pèse alors 160 kilos ! Avec cette taille, il possède aussi, bien sûr, une force physique phénoménale.

- Des Américains le découvrent et lui offrent de gagner sa vie dans un cirque à titre d'homme fort. Sa carrière sera cependant de courte durée, car Édouard, souffrant de tuberculose, une maladie affectant le système respiratoire très fréquente à cette époque, meurt à l'âge de 23 ans.

2.2 Les indices de croissance

Des indices statistiques ont été développés et sont utilisés pour fournir une appréciation de l'évolution physique d'une personne selon son poids et sa taille à sa naissance.

La courbe de croissance constitue un indice usuel utilisé notamment par ton médecin pour suivre l'évolution de ta croissance. Elle permet de représenter dans un diagramme le positionnement de ta taille en relation avec ton âge.

La courbe de poids est représentée par l'IMC (indice de masse corporelle) qui permet de mettre en relation le poids selon l'âge et la taille. Avant l'âge adulte, il faut toutefois être prudent avec cet indice couramment utilisé pour déterminer le poids-santé des hommes et des femmes. Par exemple, si un jeune a des muscles plus développés que la moyenne des jeunes de son âge – cela arrive –, il se peut que son IMC soit élevé sans que cela ne signifie pour autant qu'il souffre d'embonpoint.

L'IMC se calcule à l'aide de la formule suivante : $\dfrac{\text{poids en kg}}{(\text{taille en m})^2}$.

Si tu veux en savoir plus sur le **poids-santé**, consulte le Compagnon Web où tu trouveras des renseignements utiles à ta compréhension des indices de croissance.

Rapport taille-âge des garçons ■ et des filles ■

10 ans à 19 ans (en rangs centiles)

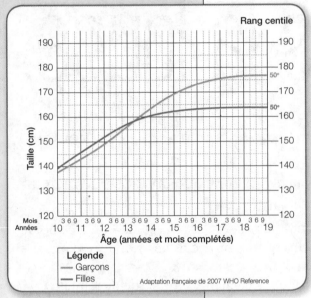

Adaptation française de 2007 WHO Reference

Rapport IMC-âge des garçons ■ et des filles ■

10 ans à 19 ans (en rangs centiles)

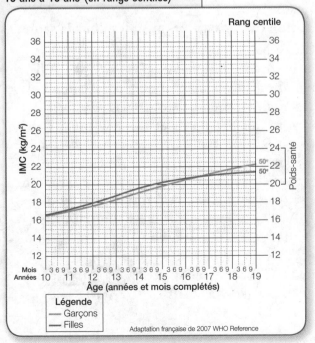

Adaptation française de 2007 WHO Reference

Tes habitudes de vie sous la loupe

Ta santé est déterminée par le bagage génétique (les gènes) transmis par tes parents, que l'on nomme *hérédité*. Dès la naissance, tes habitudes de vie s'ajoutent à ton bagage génétique en tant que facteur déterminant de ta santé.

En effet, le facteur «habitudes de vie» est devenu à ce point important au fil des ans que les médecins lui attribuent le premier rôle dans le maintien d'une bonne santé.

Parce qu'on sait que ces éléments sont particulièrement importants pour toi qui entres dans la période de l'adolescence, nous traiterons des cinq habitudes de vie suivantes :

❶ l'activité physique ;
❷ l'alimentation ;
❸ le sommeil ;
❹ l'hygiène personnelle ;
❺ la consommation de substances nuisibles pour la santé.

> **Dès ta naissance, tes habitudes de vie s'ajoutent à ton bagage génétique en tant que facteur déterminant de ta santé**

Ces habitudes de vie se subdivisent en plusieurs comportements. Par exemple, l'alimentation implique plusieurs comportements alimentaires : prendre trois repas par jour ; consommer des fruits et des légumes ; boire de l'eau ; équilibrer tes repas ; varier tes aliments ; etc.

Tout au long de l'année, tu auras l'occasion de te questionner sur ces cinq habitudes de vie et les comportements qui y sont rattachés. Tu auras aussi à décider de la façon de maintenir ou de modifier au moins deux de ces comportements. C'est justement un des objectifs que tu poursuivras dans ton plan d'action.

plan d'action p. 89

1 L'activité physique :
le choix d'une vie active

Muscle

Tissu formé de fibres dotées du pouvoir de se contracter en produisant le mouvement. On distingue les muscles striés squelettiques, appelés *muscles volontaires*, qui permettent le mouvement du squelette, et les muscles blancs et lisses, dits *muscles involontaires*, qui assurent les mouvements des organes internes.

Le corps, avec ses 570 muscles accrochés au squelette, est génétiquement programmé pour bouger

Les études scientifiques te recommandent de cumuler de 10 000 à 15 000 pas par jour pour bénéficier de bienfaits sur ta santé. Comment les calculer? Il te faut un podomètre, un petit dispositif que l'on accroche à sa ceinture et qui compte les mouvements de tes hanches.

Dans cette section, tu constateras que plus tu bouges, plus ton corps devient fort, et moins tu bouges, plus il devient fragile.

Pourquoi en est-il ainsi? Tout simplement parce que le corps humain, avec ses 570 **muscles** accrochés au squelette, est génétiquement programmé pour bouger. Le problème, c'est que nous vivons dans un monde où les écrans de toutes sortes se multiplient et où presque tout s'ouvre, se ferme, démarre ou arrête par une simple pression du doigt sur une touche de télécommande. Le fait qu'un tel environnement ne contribue pas à développer le goût de bouger ne doit donc pas te surprendre. Bien au contraire, il incite à l'inactivité physique. Dans ces conditions, il devient de plus en plus difficile de répondre au besoin d'activité physique du corps.

En fait, il faut quasiment se rappeler de bouger tellement la technologie nous a facilité la vie. La preuve, c'est que les gouvernements et divers organismes ne ménagent pas leurs efforts pour créer des **publicités** alléchantes et dynamiques invitant la population à faire de l'activité physique et à changer ses habitudes de vie. Et toi, si tu ne suivais pas de cours d'éducation physique et à la santé, pratiquerais-tu tout de même une activité physique? Peut-être que oui, mais peut-être bien que non! Tu dois te charger de ton niveau d'activité physique et faire des choix menant à une vie saine et active.

Publicité

Outil de communication qui vise à retenir l'attention et à influencer un groupe ciblé, par exemple les adolescents, afin de les inciter à adopter un comportement souhaité. Ce comportement peut être l'achat d'un certain produit, l'utilisation d'un service, mais aussi l'adoption de comportements sains, etc.

Tout bien réfléchi !

Lis le texte ci-dessous, puis explique dans tes mots l'influence possible de la publicité sur tes habitudes de vie et ta pratique d'activités physiques et sociales.

La publicité dicte-t-elle tes choix ?

La publicité est omniprésente aujourd'hui. On peut lire, voir et entendre des pubs partout : sur d'immenses panneaux le long des autoroutes, dans les magazines et les journaux, à la télévision, au cinéma, à la radio, sur les édifices, dans l'autobus ou dans le métro, dans Internet (de plus en plus, d'ailleurs) et, même dans les toilettes des endroits publics ! À moins de vivre reclus dans un lieu coupé du monde, il nous est donc impossible d'échapper à des dizaines de publicités, et ce, chaque jour.

Beaucoup de ces pubs s'adressent directement aux jeunes de ton âge parce que ceux qui les conçoivent savent que vous avez de l'argent de poche ou que vous pouvez en obtenir de vos parents ou d'un proche. On va alors, par le biais de pubs aguichantes, vous inciter à dépenser cet argent pour acheter différents produits : repas rapides (***fast food***), disques compacts, jeux vidéo, cellulaires, vêtements, etc.

> **À moins de vivre reclus dans un lieu coupé du monde, il nous est donc impossible d'échapper à des dizaines de publicités, et ce, chaque jour**

_____

_____

_____

_____

_____

_____

_____

_____

_____

_____

La multiplication des écrans

Aujourd'hui, les maisons comptent plusieurs écrans : écran de télévision, d'ordinateur, de console de jeux, de baladeur numérique, de cellulaire et autres. Cette multiplication des écrans entraîne un enchaînement de conséquences sur les comportements des jeunes de ton âge :

1. En moyenne, les jeunes de ton âge passent désormais plus de 30 heures par semaine devant un écran.

2. Ce temps passé devant un écran réduit donc de 30 heures par semaine le temps qu'ils pourraient allouer au besoin de bouger de leur corps.

3. En plus d'être passifs devant un écran, les jeunes ont tendance à grignoter des collations riches en calories mais pauvres en valeur nutritive.

Fast food

Expression empruntée à l'anglais qui désigne un repas rapide, c'est-à-dire un aliment préparé et servi rapidement dans des restaurants bon marché. Les repas rapides les plus courants sont les hamburgers, les hot-dogs, la poutine et le poulet frit. Ces repas sont souvent riches en gras, peu variés et peu nutritifs.

 Si tu veux en savoir plus sur la **publicité destinée aux adolescents**, consulte le Compagnon Web où tu pourras visionner le reportage « Ados-dollar », présenté à l'émission *Enjeux* de Radio-Canada, le 12 mars 2008.

Flexibilité
Caractère de ce qui se courbe facilement.

1.1 Les bienfaits de l'activité physique

Dès que tu bouges, que ce soit en marchant, en courant, en dansant, en nageant, en pédalant ou encore en patinant, tout ton corps s'anime et ton cœur – heureux de ne plus chômer – bat la cadence.

Même ton sang devient plus riche en sucre et en gras afin de livrer, en quantité suffisante, ces deux carburants indispensables aux muscles actifs. Et, si tu t'actives de la sorte plusieurs fois par semaine et de manière vigoureuse, ton corps et ton esprit ne s'en porteront que mieux parce que l'activité physique :

- T'aide à grandir et à te développer sainement.
- Te donne plus de souffle et te permet de récupérer plus vite après un effort.
- Procure un sentiment de plaisir et de bien-être.
- Augmente ta capacité à fournir un effort physique et améliore la rapidité et la puissance de la réponse de ton corps aux situations d'urgence.
- Contribue à stabiliser ton poids en maintenant un équilibre entre l'apport et la dépense de calories.
- Renforce tes muscles et tes os (voir le diagramme à la page 27).
- Améliore ton équilibre, ta **flexibilité**, ta **coordination motrice,** ton efficacité dans l'effort physique et aussi ta capacité à combattre la maladie.
- Favorise une meilleure qualité de sommeil (tu verras plus loin comment).
- Aide ta concentration et ton rendement scolaire.
- Accroît la confiance en soi (tu te sens mieux dans ta peau).
- Facilite la détente mentale et diminue l'anxiété.
- Aide à vaincre l'ennui, car l'activité physique, ça occupe !
- T'aide à te faire de nouveaux amis.
- Améliore tes chances de vivre plus longtemps… en santé !

Coordination motrice
Capacité à réaliser un mouvement avec précision.

Tel que l'illustre le diagramme ci-dessous, la pratique régulière de l'activité physique renforce tes os. La grosseur et la résistance des os dépendent fortement du degré de minéralisation qui aura été atteint pendant la période de croissance. La pratique régulière et fréquente de l'activité physique maximise l'accumulation des **minéraux** dans les os. Pendant l'adolescence, c'est de 35 % à 40 % de la masse osseuse qui se forme.

Minéraux

Éléments sans vie (inorganiques) qui ne libèrent aucune énergie, mais qui contribuent au bon fonctionnement du corps.

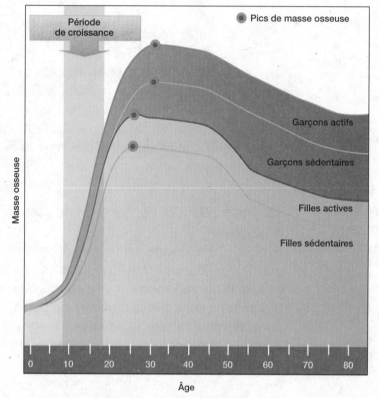

Évolution de la masse osseuse, selon l'âge et le niveau d'activité physique avant et pendant la puberté

Période de croissance

Pics de masse osseuse

Garçons actifs

Garçons sédentaires

Filles actives

Filles sédentaires

Masse osseuse

Âge

Source : Québec, Kino-Québec, *Activité physique et santé osseuse* [en ligne, 39 p.]. (Consulté le 4 mars 2009.)

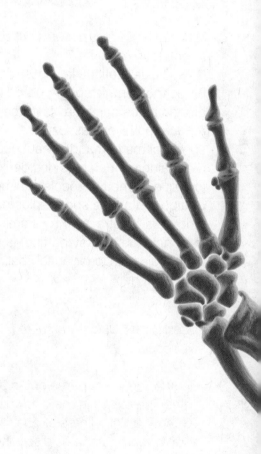

L'avantage de commencer tôt dans la vie

On peut certainement commencer à bouger à tout âge, mais toi, tu as la chance de commencer à intégrer l'activité physique dans ton mode de vie tôt dans ta vie. Tu augmentes ainsi considérablement tes chances de pratiquer des activités physiques à l'âge adulte. Les recherches scientifiques ont démontré que plus l'activité physique est intégrée tôt dans les habitudes de vie, plus les bénéfices de l'exercice sont importants sur le corps et l'esprit toute la vie. Entre 8 et 12 ans, c'est l'âge d'or des apprentissages moteurs. Après cette période, il devient plus difficile d'acquérir de nouveaux savoir-faire moteurs.

RENCONTRE AVEC

Paul-Émile Gagnon,
joueur de soccer

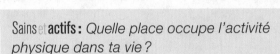

Paul-Émile étudie en concentration soccer, en 3e secondaire. Joueur de soccer milieu de terrain depuis l'âge de 4 ans, il joue au niveau AAA.

Son rêve : Faire un camp d'entraînement en France… et jouer pour l'équipe de l'université qu'il fréquentera !

Sains et actifs : *Quelles activités physiques pratiques-tu de façon régulière ?*

P.-É.G. : Je pratique le soccer depuis 10 ans. En ce moment, le soccer prend une très grande place dans ma vie parce que je suis rendu à un niveau assez élevé. C'est un sport qui me demande beaucoup de temps d'entraînement en plus des deux heures par jour que j'y mets à l'école. J'aime, par contre, pratiquer d'autres sports, plus pour la détente et le plaisir d'être avec mes amis, tels le vélo, la planche, le hockey bottine, la natation. J'aimerais bien jouer au football, mais je dois faire des choix.

Sains et actifs : *Qu'est-ce qui te fait tant aimer le soccer ?*

P.-É.G. : J'aime beaucoup le soccer pour le style de jeu et parce que c'est un jeu d'équipe et que je me débrouille bien. Quand tu t'améliores et que tu atteins un bon niveau, que tu es discipliné, ça devient amusant de jouer.

« J'aime aussi bouger pour bouger et m'amuser »

Sains et actifs : *En quoi la pratique de ton sport influence-t-elle ton mode de vie ?*

P.-É.G. : Oui, le mode de vie ! En fait, pour pratiquer le soccer à un niveau compétitif, il faut que tu sois en bonne forme. J'ai dû m'adapter pour bien manger.

Sains et actifs : *Quelle place occupe l'activité physique dans ta vie ?*

P.-É.G. : Pour moi, c'est très important et je me sens bien quand je fais de l'exercice. Dans mon sport de compétition, c'est plus sérieux et encadré, mais j'aime aussi bouger pour bouger et m'amuser. Tous mes amis sont des gens actifs.

Sains et actifs : *Dans ta vie, quelle place occupe la discipline ?*

P.-É.G. : La discipline est un peu partout dans ma vie. Au soccer, il faut être discipliné. À l'école, je suis en soccer, donc on doit faire le programme dans moins d'heures de cours, en conservant un dossier académique de grande qualité. À la maison, mes parents imposent la discipline. Donc, je dois travailler fort. Au niveau de ce que je mange, je dois aussi être discipliné. Après avoir été malade pendant deux mois, j'ai été diagnostiqué porteur de la « maladie de Crohn » (une maladie incurable du système digestif). Heureusement, ça n'a aucune incidence sur la pratique de mon sport. Ça a été ma première question au docteur : « Est-ce que je vais pouvoir continuer à jouer au soccer de la même façon ? » Le principal impact, en fait, c'est sur les choix alimentaires que je dois faire et mon horaire de sommeil, alors ce n'est pas si pire !

« Est-ce que je vais pouvoir continuer à jouer au soccer de la même façon ? »

Sains et actifs : *Quelle est ta vision de la santé ?*

P.-É.G. : Si tu veux être en santé, il faut bien manger et faire de l'exercice. Si tu manges trop et de mauvaises choses, c'est clair que tu ne seras pas en santé. Lorsque je vois où sont rendus les athlètes professionnels, ça me donne l'envie de continuer. Si je veux continuer dans mon sport, il faut que je continue à être en forme.

Sains et actifs : *Quelle est ton opinion sur les substances nuisibles ?*

P.-É.G. : Un sportif qui veut rester en santé ne doit pas prendre de substances nuisibles. Ce sont des *boosts* mauvais pour la santé. Ça détruit tout le système, et avec les problèmes [qui y sont liés], ça détruit ta vie. Si tu veux t'améliorer dans ton sport, tu n'as qu'à travailler plus.

> **« Si tu manges trop et de mauvaises choses, c'est clair que tu ne seras pas en santé »**

Sains et actifs : *Qu'est-ce qui te motive dans ton sport ?*

P.-É.G. : Ce qui m'aide, c'est mon objectif, c'est-à-dire me rendre le plus loin possible dans mon sport. Ce qui m'aide aussi, c'est de regarder les professionnels et de me dire : « Ces gars-là sont forts. » Il y a aussi mes parents qui m'aident.

Si tu veux être meilleur dans ce que tu fais, c'est ce qui va te motiver à développer ton potentiel. C'est rare d'arriver au zénith de son potentiel, mais tout le monde peut s'améliorer. Voir les améliorations, c'est encourageant !

Sains et actifs : *Quel plan d'action t'es-tu donné pour t'aider et t'améliorer ?*

P.-É.G. : Quand tu joues un match, tu peux voir tes points forts et ce que tu dois améliorer. Pour essayer d'améliorer tes faiblesses, il faut de la pratique. Ça ne vient pas tout seul, il faut pratiquer. C'est aussi vrai dans tout. Plus on s'améliore, plus on aime ce qu'on fait. C'est la même chose pour les études. Être attentif en classe, faire ce qu'on te demande et te préparer pour les examens permettent de devenir meilleur. Les sports et les études, c'est important. Il faut essayer d'être bon dans les deux.

> **« C'est rare d'arriver au zénith de son potentiel, mais tout le monde peut s'améliorer »**

Sains et actifs : *Crois-tu que ton mode de vie actuel aura une influence sur tes projets d'avenir ?*

P.-É.G. : En pratiquant un sport qui exige de la discipline quand tu es jeune, ça te donne des outils pour toute la vie.

« La discipline quand tu es jeune, ça te donne des outils pour toute la vie »

Sains et actifs : *Qu'est-ce que la pratique de ton sport t'a permis de découvrir sur toi ?*

P.-É.G. : En pratiquant un sport d'équipe, j'ai réalisé qu'on ne peut pas tout faire tout seul. À un moment donné, on a besoin de quelqu'un d'autre. Le soccer m'a fait voir qu'il y aura toujours quelqu'un de plus fort que moi. Il faut l'accepter. En équipe, il y a toujours quelqu'un pour t'aider et tu peux aussi toujours faire la différence pour quelqu'un.

Sains et actifs : *Crois-tu que la société doit encourager l'adoption d'un mode de vie sain et actif ?*

P.-É.G. : Ça aiderait beaucoup parce que les gens se sentiraient mieux dans leur corps et leur tête. Ça pourrait peut-être aider à éviter certaines maladies. Même pour les maladies qu'on ne peut pas éviter, l'activité physique peut faire du bien. Par exemple, l'obésité est une maladie pour certaines personnes, mais pour d'autres, c'est le résultat du manque d'activité et de mauvais choix.

« Ça pourrait peut-être aider à éviter certaines maladies »

Sains et actifs : *Peux-tu me décrire comment les autres (ton meilleur ami, ton entraîneur) te perçoivent ?*

P.-É.G. : Les gens pensent que je suis motivé, équilibré et en santé. Je pense que les gens ont une image positive de moi.

Sains et actifs : *Qu'est-ce qui est le plus important pour toi dans la vie ?*

P.-É.G. : C'est ma famille. Mes parents sont séparés, mais la famille est toujours là. C'est tout l'amour que j'ai pour eux et qu'eux ont pour moi. Si on a du succès sans amour ni amis, ça n'apporte pas le bonheur. Mais ça marche dans les deux sens : on doit donner pour recevoir. C'est ce qui fait qu'il y a aussi un équilibre.

Sains et actifs : *Qu'est-ce qui nuit à un mode de vie sain et actif ?*

P.-É.G. : C'est l'influence négative des autres. Quand les gens cherchent à nous décourager, il faut garder son moral. C'est plus ton état d'esprit ou ta motivation qui vont d'aider à te protéger. Une motivation forte, c'est comme un bouclier contre les autres qui te découragent.

Sains et actifs : *Pourquoi est-il important d'avoir un mode de vie sain et actif ?*

P.-É.G. : C'est une manière de se sentir bien. Si tu es sain et actif, tu te sens mieux, tu es plus de bonne humeur, et ça se voit. Ce qui pourrait motiver le monde à faire plus d'exercice, c'est d'être plus en santé.

« Une motivation forte, c'est comme un bouclier contre les autres qui te découragent »

Intensité
Degré de force, d'activité, d'énergie.

1.2 La quantité d'activité physique pour être en santé

Pour profiter pleinement des bienfaits de l'activité physique, tu dois accumuler, chaque semaine, une quantité suffisante de temps de pratique d'une ou de plusieurs activités physiques. Pour toi, qui es en pleine période de croissance, les experts proposent d'accumuler au moins 60 minutes d'activités physiques d'**intensité** modérée à élevée par jour.

Cette quantité est le total quotidien que tu dois atteindre. Tu peux additionner le temps consacré à diverses activités dans ta journée. Il n'est pas nécessaire de réaliser d'un seul coup la quantité d'activité physique requise.

Si tu fractionnes ton effort en deux ou plusieurs blocs d'activité dans ta journée, chaque activité physique doit être d'intensité modérée à élevée et durer au moins 10 minutes.

Si tu pratiques ton activité en continu, c'est-à-dire sans temps d'arrêt pour récupérer, vise alors de 30 à 45 minutes au moins d'activité physique d'intensité modérée à élevée, de 3 à 5 fois par semaine.

Prends bien note que, dans ton plan d'action, on te demande de prévoir une quantité moindre, soit de 20 à 30 minutes consécutives d'activité physique d'intensité modérée à élevée.

Il s'agit d'une durée minimale pour remettre tes muscles en action sur une base régulière. Il sera toujours temps, par la suite, de prolonger cette durée pour atteindre les objectifs proposés par les experts.

Si tu fractionnes ton effort en deux ou plusieurs blocs d'activité dans ta journée, chaque activité physique doit être d'intensité modérée à élevée et durer au moins 10 minutes

Si tu pratiques ton activité en continu, c'est-à-dire sans temps d'arrêt pour récupérer, vise alors de 30 à 45 minutes au moins d'activité physique d'intensité modérée à élevée, de 3 à 5 fois par semaine

Afin de bien distinguer les divers niveaux d'intensité d'une activité physique, consulte le tableau suivant.

Intensité de l'activité physique	Signes physiques observables	Quelques exemples
Faible	• Ton pouls est à peine plus élevé qu'au repos. • Ta respiration est lente. • Tu n'as pas chaud.	• Exercices d'étirement • Golf miniature • Hula-hoop • Marche lente • Quilles • Tir à l'arc • Yoga
Modérée	• Ton pouls est nettement plus élevé qu'au repos (au moins 60 battements de plus à la minute). • Ta respiration est plus rapide. • Tu commences à avoir chaud, voire à transpirer.	• Basketball récréatif • Danse aérobique • Jogging léger • Marche rapide • Natation (faire des longueurs de piscine) • Ski de fond sur le plat • Soccer récréatif • Tennis de table ou tennis de niveau intermédiaire • Vélo à 15 km/h
Élevée à très élevée	• Ton pouls est beaucoup plus élevé qu'au repos (au moins 80 battements de plus à la minute). • Ta respiration est très rapide. • Tu as très chaud et il se peut que tu transpires abondamment.	• Aéroboxe • Arts martiaux • Basketball compétitif • Hockey • Jogging à bonne allure • Badminton ou tennis de niveau avancé • Racquetball • Saut à la corde • Soccer (match compétitif) • Squash • Vélo de montagne

PENSE-BÊTE !

Être suffisamment actif ou active signifie que...

1. Tu fais, chaque jour, une ou plusieurs séances d'activité physique d'au moins 10 minutes chacune sans pause, totalisant au moins 60 minutes.

ou

2. Tu fais, chaque semaine, au moins 3 séances d'activité physique d'intensité modérée à élevée, pendant 20 à 30 minutes sans pause.

Le pouls indique les battements de ton cœur au niveau de tes artères. Voici comment le mesurer. Le pouls le plus facile à prendre est le pouls radial, juste à la base du pouce, à côté du radius. On le prend avec l'extrémité des doigts, appelées la *pulpe des doigts*, en utilisant trois ou quatre doigts de la main opposée, sans trop appuyer.

On le calcule pendant 15 secondes en multipliant le résultat par quatre, avant et après l'exercice. Au repos, la fréquence varie d'un individu à l'autre, mais chez les jeunes de ton âge, elle est habituellement inférieure à 100 battements à la minute.

Source : Lynda Thibeault, médecin spécialiste en santé communautaire.

Tout bien réfléchi !

Lis le texte ci-dessous et indique s'il y a d'autres options qui permettraient à Sonia d'être plus active physiquement. Lesquelles, le cas échéant ?

Le cas de Sonia

Sonia a 12 ans. Depuis son entrée au secondaire, elle est plus anxieuse. Il faut dire que ses parents et elle ont déménagé dans une autre ville. Elle se retrouve donc dans une école et un environnement où elle ne connaît personne ou presque. Par contre, depuis que Sonia a pris connaissance des bienfaits que procure la pratique régulière de l'activité physique sur la détente mentale et l'anxiété, elle se dit que, si elle faisait plus d'activité physique, cela pourrait sûrement l'aider à être moins nerveuse et plus confiante, surtout à l'école. Le hic, c'est que Sonia n'est pas très active en dehors du cours d'éducation physique et à la santé. Autre problème : elle ne se trouve pas bonne en sports et ne raffole pas des cours de mise en forme, comme la danse aérobique ou la danse hip-hop.

1.3 Les effets subsistent si tu persistes...

Tu connais maintenant les bienfaits de l'activité physique sur ta santé et la valeur de l'effort physique que tu dois fournir pour que ton corps et ta santé en profitent pleinement.

Tu dois aussi retenir que ces bienfaits ne sont jamais acquis, car le corps est fait pour bouger toute la vie, et pas seulement pendant quelques mois ou quelques années.

Défi énorme ? Non ! Même si tu vis à une époque où les sirènes de la vie facile et sans efforts physiques rôdent autour de toi, il t'est possible de leur résister en intégrant l'activité physique dans ton quotidien au même titre que le brossage des dents.

Si tu ne pratiques pas, pour le moment, un sport ou une activité physique à haute dépense énergétique, une façon simple et accessible d'y parvenir est de multiplier les occasions de marcher d'un pas alerte et de bouger.

Tu peux apporter de petits changements dans tes habitudes, tels que :

- Te lever pour allumer et éteindre la télé.
- Bouger pendant les pauses publicitaires.
- Aller promener le chien.
- Marcher le plus souvent possible.
- Emprunter les escaliers plutôt que l'ascenseur.
- Aller à l'école en vélo ou en marchant.
- Profiter de tes cours d'éducation physique et à la santé pour bouger.

Bref, développe le réflexe de *bouger* ! Une fois que tu auras développé ce réflexe, tu pourras hausser le niveau de l'intensité des activités physiques que tu pratiques. Pour ce faire, utilise ton plan d'action.

plan d'action p. 89

Le corps est fait pour bouger toute la vie, et pas seulement pendant quelques mois ou quelques années

Bref, développe le réflexe de *bouger* !

En rafale

Les règles et l'activité physique

Il y a quelques légendes urbaines qui circulent à propos des règles et de l'activité physique. Certaines sont vraies, d'autres sont fausses. Il faut donc faire la part des choses…

Si j'ai mes règles, est-ce qu'il vaut mieux que je saute mon cours d'éducation physique et à la santé ?

Non, car le fait d'avoir ses règles n'est pas un obstacle à la pratique d'une activité physique, même vigoureuse. D'ailleurs, les filles de ton âge qui pratiquent un sport de compétition ne changent rien à leur programme d'entraînement lorsqu'elles ont leurs règles. Avoir ses règles ne signifie pas être malade, après tout, même si on le croyait… au 18e siècle !

Est-ce vrai que, si j'ai mes règles, je ne dois pas faire de natation ?

Faux. Il suffit de mettre un tampon au lieu d'une serviette hygiénique, et le tour est joué. Ces tampons absorbent le sang à l'intérieur du corps. Si tu n'es pas certaine du début de tes règles et que tu as une séance d'entraînement ou un cours en piscine sportive, assure-toi d'avoir un tampon dans ton sac d'école. Si tes règles sont abondantes, utilise un tampon super absorbant. Une fois la séance en piscine terminée, n'oublie pas de l'enlever et d'en mettre un autre, ou une serviette hygiénique.

J'ai entendu dire que l'exercice peut faire cesser les règles. Est-ce vrai ?

Oui. Si tu fais vraiment beaucoup d'exercice, tes règles peuvent devenir irrégulières. Elles peuvent même cesser pendant quelques mois (aménorrhée secondaire), comme cela se produit parfois chez les athlètes féminines qui s'entraînent intensément plusieurs heures par jour. Ce phénomène est heureusement réversible. Dès que l'entraînement diminue ou cesse, les règles sont de nouveau au rendez-vous mensuel.

Fais le point

1 Vrai ou faux ? Coche les cases appropriées.

	VRAI	FAUX

a) L'intensité d'une activité physique peut être considérée comme élevée si je transpire beaucoup. ☐ ☐

b) Une fois que j'ai amélioré ma condition physique, je peux cesser de faire de l'exercice pendant plusieurs semaines sans perdre la forme. ☐ ☐

c) L'exercice peut améliorer ma concentration en classe. ☐ ☐

d) Beaucoup de jeunes de mon âge passent plus de 30 heures par semaine devant un écran quelconque. ☐ ☐

e) Si je pratique une activité physique d'intensité modérée ou élevée, mon sang s'appauvrit en sucre et en gras parce que les muscles actifs en consomment trop. ☐ ☐

f) Je peux fractionner mon effort en 2 ou plusieurs blocs d'activité physique d'au moins 10 minutes dans la journée. ☐ ☐

g) Si je fais des longueurs de piscine, je fais une activité physique d'intensité modérée qui fait travailler mon cœur. ☐ ☐

h) Plus je fais du sport, plus ma masse osseuse a tendance à diminuer. ☐ ☐

2 **a)** Pratiques-tu de façon régulière une ou plusieurs activités physiques ? Oui ☐   Non ☐

b) Si oui, dresse la liste des activités que tu pratiques dans la colonne de gauche du tableau. Détermine ensuite le niveau d'intensité que tu appliques dans chaque activité que tu as indiquée. (Réfère-toi au tableau de la page 33.)

c) Si non, décris les principales raisons pour lesquelles tu ne pratiques pas d'activité physique.

ACTIVITÉS PRATIQUÉES	NIVEAU D'INTENSITÉ HABITUEL

_____

_____

_____

_____

3 Voici quelques questions en lien avec ton plan d'action.

plan d'action p. 89

a) Nomme cinq effets bénéfiques de la pratique régulière de l'activité physique.

1. _____

2. _____

3. _____

4. _____

5. _____

b) Relève deux avantages à commencer tôt la pratique de l'activité physique dans une vie.

1. _____

_____

2. _____

_____

c) Quelle est la quantité minimale d'activité physique recommandée par les experts pour des jeunes de ton âge ?

_____

_____

d) Dans la liste suivante, coche chaque comportement que tu as déjà adopté ou que tu aimerais adopter pour intégrer l'activité physique dans ton quotidien.

Utiliser l'escalier plutôt que l'ascenseur. ☐

Éviter de demeurer inactif ou inactive pendant de longues périodes, comme devant un écran d'ordinateur ou de télévision. ☐

Me rendre à l'école en marchant d'un pas alerte, quand c'est possible. ☐

Pratiquer un sport. ☐

Marcher chaque fois que l'occasion se présente. ☐

Faire les travaux ménagers ou les travaux extérieurs. ☐

Prévoir des activités physiques à faire avec mes amis chaque semaine. ☐

Augmenter l'intensité de mes efforts lors des cours d'éducation physique et à la santé. ☐

4 Indique le niveau d'intensité de chacune des activités ci-dessous. Inscris la lettre qui correspond au niveau approprié (**A**, **B** ou **C**).

Niveaux d'intensité

A. Intensité faible   **B.** Intensité modérée   **C.** Intensité élevée à très élevée

Activités

___ Arts martiaux	___ Entretien ménager	___ Ski alpin
___ Basketbal compétitif	___ Course de 5 km	___ Ski de fond
___ Boxe	___ Hockey récréatif	___ Sprint de 100 mètres
___ Cours de *spinning*	___ Randonnée en montagne	___ Tennis
___ Danse aérobique	___ Marche de détente	___ Volleyball compétitif
___ Patin à roues alignées	___ Quilles	

5   Évalue ton niveau de pratique de l'activité physique.

a)   Dans le semainier de la page 41, note les activités que tu pratiques chaque jour, habituellement, ainsi que leur durée et leur intensité.

- N'oublie pas d'indiquer ton cours d'éducation physique et à la santé, pour lequel tu peux inscrire une activité d'intensité modérée.

- Pour t'aider, consulte le tableau de la page 33. Tu y trouveras une liste d'activités physiques et les critères qui te permettront d'évaluer l'intensité de ton effort.

- Dans la dernière colonne, indique la durée totale des activités physiques pratiquées.

b)   En tenant compte des pourcentages que tu as inscrits sous la dernière colonne chaque jour, indique ton niveau de pratique en cochant la case appropriée.

- Tu es une personne active ou très active si tu as atteint, durant la semaine, 100 % et plus de la quantité recommandée. ☐

- Tu es une personne légèrement active si tu as atteint, durant la semaine, au moins 75 % de la quantité recommandée. ☐

- Tu es une personne peu active ou sédentaire si tu as atteint, durant la semaine, 50 % ou moins de la quantité recommandée. ☐

- Tu es une personne très peu active ou très sédentaire si tu as atteint, durant la semaine, moins de 25 % de la quantité recommandée. ☐

Légende de l'intensité de l'activité physique :

= Intensité faible   = Intensité modérée   = Intensité élevée à très élevée

Jour	Activité	Durée (en minutes)	Intensité	Durée totale du temps actif*
Lundi	Activité 1		□ □ □	Durée totale : ___ min en situation d'activité physique modérée à élevée
	Activité 2		□ □ □	
	Activité 3		□ □ □	___ %
Mardi	Activité 1		□ □ □	Durée totale : ___ min en situation d'activité physique modérée à élevée
	Activité 2		□ □ □	
	Activité 3		□ □ □	___ %
Mercredi	Activité 1		□ □ □	Durée totale : ___ min en situation d'activité physique modérée à élevée
	Activité 2		□ □ □	
	Activité 3		□ □ □	___ %
Jeudi	Activité 1		□ □ □	Durée totale : ___ min en situation d'activité physique modérée à élevée
	Activité 2		□ □ □	
	Activité 3		□ □ □	___ %
Vendredi	Activité 1		□ □ □	Durée totale : ___ min en situation d'activité physique modérée à élevée
	Activité 2		□ □ □	
	Activité 3		□ □ □	___ %
Samedi	Activité 1		□ □ □	Durée totale : ___ min en situation d'activité physique modérée à élevée
	Activité 2		□ □ □	
	Activité 3		□ □ □	___ %
Dimanche	Activité 1		□ □ □	Durée totale : ___ min en situation d'activité physique modérée à élevée
	Activité 2		□ □ □	
	Activité 3		□ □ □	___ %

*Ton objectif est d'accumuler au moins 60 minutes d'activité physique d'intensité modérée à élevée par jour, ou de faire de 30 à 45 minutes au moins d'activité physique d'intensité modérée à élevée en continu, de 3 à 5 fois par semaine. Tu auras de petits calculs à faire pour établir les pourcentages. Par exemple, si, dans une journée, tu fais 45 minutes d'activité physique d'intensité modérée en continu, tu inscris 100 %.

1.4 En forme ou pas ?

Plus ta capacité d'adaptation à un effort physique est élevée, plus tu es en forme

Il y a une façon simple de savoir si ta pratique d'activités physiques est efficace : évaluer ta condition physique, c'est-à-dire ta capacité à t'adapter à un effort physique en général. Plus ta capacité d'adaptation à un effort physique est élevée, plus tu es en forme.

As-tu du souffle ?
As-tu de la force et de l'endurance ?
Es-tu souple ?

Pour l'essentiel, ta capacité d'adaptation à un effort physique est déterminée par la vigueur de ton cœur ou ton endurance cardiovasculaire (as-tu du souffle ?), la vigueur de tes muscles (as-tu de la force et de l'endurance ?) ainsi que la flexibilité de tes muscles (es-tu souple ?).

C'est ce qu'on appelle les *déterminants variables* de la condition physique, c'est-à-dire ceux sur lesquels tu peux agir, contrairement aux déterminants invariables comme l'hérédité, l'âge et le sexe.

Avant d'évaluer ta condition physique, il est bon de savoir ce que tu évalues au juste. Il te sera plus facile par la suite de saisir la pertinence des tests utilisés pour procéder à cette évaluation.

La vigueur de ton cœur ou ton endurance-cœur ou encore ton endurance cardiovasculaire

Quand tu évalues ce déterminant de ta condition physique, tu évalues ta capacité de fournir pendant un certain temps un effort modéré qui fait travailler, de manière répétitive, tes muscles les plus volumineux, soit ceux des cuisses, des jambes et du bassin.

Marcher d'un pas alerte, faire du jogging, sauter à la corde, faire du ski de fond ou du vélo, pratiquer l'aéroboxe, voilà autant d'exemples d'efforts qui font travailler les groupes musculaires importants. Si tu fais ce type d'effort au moins 3 fois par semaine à une intensité modérée à élevée (réfère-toi au tableau de la page 33), pendant au moins 20 minutes consécutives, ton cœur devient alors de plus en plus vigoureux et fort.

Bref, tu améliores ton endurance cardiovasculaire ; tu as plus de souffle quand tu fais ce type d'effort, et tu récupères plus rapidement.

La vigueur du cœur prend de l'importance avec le temps.

Au fil des ans, avoir un bon *cardio* devient important pour améliorer son espérance de vie en bonne santé. C'est d'ailleurs pour cette raison que l'endurance cardiovasculaire est considérée par les experts comme le plus important des déterminants de la condition physique. Autrement dit, si, à un moment donné et pour toutes sortes de raisons, tu dois réduire la durée de ta séance d'activité physique, préserve d'abord la partie dédiée à l'amélioration de ton *cardio*.

La vigueur de tes muscles

Un muscle est vigoureux quand il a de l'endurance ou de la force ou, mieux encore, quand il est endurant et fort à la fois. Tes muscles travaillent en endurance lorsqu'ils répètent pendant un certain temps une **contraction** en faisant un effort modéré. Tes muscles travaillent en force lorsqu'ils développent une forte **tension musculaire** au moment d'une contraction maximale. Plus la tension est élevée, plus le muscle est fort.

La pratique régulière d'activités physiques comme le hockey, la natation, les sports collectifs (ex. : basketball, kinball, soccer, volleyball, etc.), les arts martiaux, pour n'en citer que quelques-unes, te permet de développer ta vigueur musculaire.

« À quoi ça sert d'avoir des muscles vigoureux ? » Voilà probablement la question que tu te poses. En pleine croissance, c'est très important d'activer tes muscles parce que cela contribue à renforcer tes os. De plus, des muscles actifs ne peuvent être que bénéfiques pour ta posture et ton équilibre, parce que ce sont les muscles qui maintiennent les os et les articulations en place.

Contraction
Réaction des muscles par laquelle ils se resserrent et deviennent durs.

Tension musculaire
État des muscles qui subissent un étirement ou un raccourcissement de leurs fibres.

La flexibilité de tes muscles

Tes articulations sont flexibles si tu peux bouger librement et amplement sans ressentir de raideur, et encore moins de douleur. Même si la flexibilité n'influence en rien la vigueur de ton cœur ou celle de tes muscles, elle demeure une qualité musculaire importante dans la vie de tous les jours.

Connais-tu la fable de La Fontaine, « Le chêne et le roseau » ? Lorsque le vent fou s'amena, le roseau plia, mais le chêne cassa. Avec les muscles, c'est pareil. Si tu fais des exercices pour les garder souples, alors ils obéissent et s'allongent en douceur. Sinon, ils perdent petit à petit leur élasticité naturelle et raccourcissent.

> **Lorsque le vent fou s'amena, le roseau plia, mais le chêne cassa**

PENSE-BÊTE

Des muscles forts et flexibles…

1. Facilitent ton apprentissage de nouveaux mouvements.

2. Améliorent la précision de tes mouvements quand tu pratiques une activité physique.

3. Redonnent de la mobilité à tes articulations avec des exercices d'étirement, après le traitement d'une blessure qui t'a obligé ou obligée à cesser ton activité.

4. Te protègent des blessures.

Fais le point

1 Encercle la réponse appropriée.
La condition physique se définit comme…

A. La capacité de courir le plus vite possible.

B. La capacité de lever des charges lourdes.

C. La capacité de faire des exercices d'endurance.

D. La capacité du corps à s'adapter à un effort physique.

2 Nomme les trois principaux déterminants de la condition physique.

1. _____

_____

2. _____

_____

3. _____

_____

3 Indique deux avantages d'avoir des muscles vigoureux.

1. _____

_____

_____

2. _____

_____

_____

4 Tes muscles travaillent **en endurance** lorsqu'ils…

A. Développent une forte tension au moment d'une contraction maximale.

B. Répètent pendant une minute une contraction en faisant un effort intense.

C. Répètent pendant un certain temps une contraction en faisant un effort modéré.

D. Développent une tension moyenne au moment d'une contraction minimale.

5 Tes muscles travaillent **en force** lorsqu'ils…

A. Répètent pendant une minute une contraction en faisant un effort modéré.

B. Développent une forte tension au moment d'une contraction maximale.

C. Répètent pendant un certain temps une contraction en faisant un effort modéré.

D. Développent une tension moyenne au moment d'une contraction minimale.

Bilan de ta condition physique

❶ Évalue ta condition physique.

Comme tu dois concevoir un plan d'action pour un mode de vie sain et actif, et appliquer ce plan tout au long de l'année, il est pertinent d'évaluer l'évolution de ta condition physique. Idéalement, cette évaluation devrait être réalisée :

1. Au début de la mise en application de ton plan d'action.
2. Quelques semaines après sa mise en application.
3. Lors de la dernière semaine de ton plan d'action.

Ton enseignant ou ton enseignante en éducation physique et à la santé te précisera les moments où ces évaluations seront réalisées.

Voici ta fiche de condition physique.

Ton poids : _____ kg   Âge : _____ ans

Ta taille : _____ cm   Fille ☐
Garçon ☐

As-tu une contre-indication médicale en rapport avec le test d'endurance (ex. : problèmes cardiaques, asthme sévère, étourdissements, handicap physique au niveau des membres inférieurs, diabète ou autres) ? Si oui, laquelle ?

_____

_____

(preuve médicale requise et signature du parent)

_____

Pour procéder à l'évaluation de ta condition physique, on te propose cinq tests. Chacun de ces tests a été conçu dans le but d'évaluer un des déterminants de la condition physique. Ainsi, tu devras d'abord te soumettre à un test d'endurance cardiovasculaire. Tu devras également effectuer deux tests pour déterminer la vigueur de tes muscles abdominaux et celle des muscles de tes bras et du haut de ton corps. Finalement, deux autres tests établiront la flexibilité de ton tronc en position assise, puis celle de tes épaules.

Pour chaque test que tu dois effectuer, on t'indique le matériel requis, la procédure à suivre et les consignes particulières à respecter, le cas échéant. De plus, tu trouveras pour chacun des tests le tableau des normes établies pour les jeunes de ton âge, à partir duquel tu pourras te situer. On te fournit également une fiche d'enregistrement de tes résultats. Tu pourras ainsi constater l'amélioration de ta condition physique au cours de l'application de ton plan d'action.

A Évalue ton endurance cardiovasculaire.

Il existe plusieurs tests pour évaluer ce déterminant important de la condition physique. Nous t'en présentons deux : le test des 12 minutes et le test navette. Ton enseignant ou ton enseignante te précisera celui que tu passeras. Il pourrait s'agir aussi d'un autre test, qui n'est pas décrit ici.

Le test des 12 minutes

CE QU'IL FAUT

- Un chronomètre ou une montre.
- Un parcours plat dont la longueur, en mètres, est connue (ex. : piste d'athlétisme, périmètre d'un gymnase, terrain de football ou tout autre circuit dont on a préalablement mesuré la longueur).

CE QUE TU DOIS FAIRE

- Bien t'hydrater avant le test en prenant de petites quantités d'eau au moins 20 minutes avant de débuter l'activité.
- Parcourir en joggant (ou en marchant de temps à autre si tu ne peux pas garder le rythme du jogging tout au long du parcours) la plus grande distance possible en 12 minutes.

LES CONSIGNES À RESPECTER

- Arrêter le test si :
  - Tu te sens étourdi ou étourdie.
  - Tu es très essoufflé ou très essoufflée.
  - Tu ressens un malaise inhabituel.

> Idéalement, afin de trouver le bon rythme de course et de te familiariser avec la distance que tu peux parcourir en 12 minutes, tu devrais d'abord faire un essai témoin quelques jours avant le vrai test.

CE QU'IL NE FAUT PAS FAIRE

- Boire en grande quantité juste avant le test.
- Prendre un gros repas moins de 90 minutes avant le test.
- Partir trop rapidement.
- Changer de rythme trop souvent ; il faut essayer de garder une vitesse constante pendant les 12 minutes.
- Arrêter trop rapidement à la fin du test ; il faut, au contraire, marcher lentement pendant une ou deux minutes.

TON RÉSULTAT

Une fois le test terminé, consulte le tableau ci-dessous pour déterminer ton niveau d'endurance cardiovasculaire en fonction de la distance parcourue. Indique ensuite ton résultat dans l'espace prévu plus bas, puis reporte-le dans ton plan d'action, le cas échéant.

plan d'action p. 90

Sexe et âge	Endurance cardiovasculaire			
	Très élevée	Élevée	Moyenne	Sous la moyenne
Garçons 12-14 ans	> 2700 m	2400 m - 2700 m	2200 m - 2399 m	< 2200 m
Filles 12-14 ans	> 2000 m	1900 m - 2000 m	1600 m - 1899 m	< 1600 m

Source : K. H. COOPER, *The Aerobics Program for Total Well-being : Exercise, Diet, Emotional Balance*, New York, Bantam Books, 1985.

Date du test 1
(année, mois et jour) :
20_____ / _____ / _____

Ton résultat : _____

Ton niveau d'endurance :
_____

Date du test 2
(année, mois et jour) :
20_____ / _____ / _____

Ton résultat : _____

Ton niveau d'endurance :
_____

Date du test 3
(année, mois et jour) :
20_____ / _____ / _____

Ton résultat : _____

Ton niveau d'endurance :
_____

Le test navette

CE QU'IL FAUT

- Un système audio et un extrait sonore préenregistré du test qui émet un bip déterminant la vitesse de la course.
- Deux lignes parallèles bien visibles et espacées de vingt mètres dans le gymnase.

CE QUE TU DOIS FAIRE

- Après une période d'échauffement, courir le plus longtemps possible en faisant des allers-retours entre les deux lignes. La vitesse, annoncée par le bip, augmente de 0,5 km/h toutes les minutes (une minute correspond à un palier), ce qui t'oblige à augmenter ta vitesse de course. Le test prend fin quand tu n'es plus capable de terminer le palier en cours ou de suivre le rythme imposé par les bips (retard de 1 m à 2 m que tu ne peux pas rattraper).

LES CONSIGNES À RESPECTER

- Arrêter le test si :
  - Tu te sens étourdi ou étourdie.
  - Tu es très essoufflé ou très essoufflée.
  - Tu ressens un malaise inhabituel.

CE QU'IL NE FAUT PAS FAIRE

- Boire en grande quantité juste avant le test.
- Prendre un gros repas moins de 90 minutes avant le test.
- Arrêter trop rapidement à la fin du test ; il faut, au contraire, marcher lentement pendant une ou deux minutes.

TON RÉSULTAT

- Une fois le test terminé, consulte le tableau ci-dessous pour déterminer ton niveau d'endurance cardiovasculaire en fonction du dernier palier atteint. Indique ensuite ton résultat dans l'espace prévu plus bas, puis reporte-le dans ton plan d'action, le cas échéant.

plan d'action p. 90

Endurance cardiovasculaire			
Garçons	11-12 ans	13-14 ans	15-16 ans
Très élevée	8 et plus*	9 et plus	10 et plus
Élevée	6,5-7,5	7,5-8,5	8,5-9,5
Moyenne	5-6	6-7	7-8
Sous la moyenne	4,5 et moins	5,5 et moins	6,5 et moins
Filles	11-12 ans	13-14 ans	15-16 ans
Très élevée	6 et plus	6,5 et plus	6,5 et plus
Élevée	5-5,5	5-6	5-6
Moyenne	4-4,5	4-4,5	4-4,5
Sous la moyenne	3,5 et moins	3,5 et moins	3,5 et moins

*Dernier palier atteint.

Source : Adapté de Olds T. TOMKINSON, G. LEGER, L. G. CAZORLA, « Worldwide Variation in the Performance of Children and Adolescents : An Analysis of 109 Studies of the 20-m Shuttle Run Test in 37 Countries », *J Sports Sci*, 2006, 24(10) : 1025 – 1038.

Date du test 1 (année, mois et jour) :
20 _14_ / _09_ / _16_
Ton résultat : _3_
Ton niveau d'endurance :
sous la moyenne

Date du test 2 (année, mois et jour) :
20 _____ / _____ / _____
Ton résultat : _____
Ton niveau d'endurance :
_____

Date du test 3 (année, mois et jour) :
20 _____ / _____ / _____
Ton résultat : _____
Ton niveau d'endurance :
_____

B Évalue la vigueur de tes muscles abdominaux.

CE QU'IL FAUT

- Un tapis d'exercice au sol.
- Un chronomètre ou une montre.

CE QUE TU DOIS FAIRE

- Exécuter en une minute le plus grand nombre de demi-redressements assis en suivant les directives ci-dessous, les pieds non tenus. Pour effectuer ce test :
  - Allonge-toi sur le dos, les bras le long du corps en déposant tes mains sur tes cuisses, les genoux pliés suffisamment pour avoir les pieds à plat au sol.
  - Pointe le menton vers la poitrine.

- Contracte tes abdominaux afin que le bas de ton dos colle au sol pendant le test.
- Redresse le tronc en faisant glisser les mains jusqu'aux genoux de façon que tes omoplates décollent du sol. Il est très important d'expirer pendant le lever du tronc.
- Reviens au sol, puis répète le mouvement.

- Tu peux ralentir la cadence ou t'arrêter quelques secondes si ton corps te le demande. Lorsque tu n'arrives plus à décoller complètement les omoplates du sol, le test est terminé.

TON RÉSULTAT

Une fois le test terminé, consulte le tableau ci-dessous pour déterminer la vigueur de tes muscles en fonction du nombre de demi-redressements effectués. Indique ensuite ton résultat dans l'espace prévu plus bas.

Vigueur des abdominaux				
Garçons	**11 ans**	**12 ans**	**13 ans**	**14 ans**
Très élevée	43	64	59	62
Élevée	37	54	51	54
Moyenne	26	32	39	40
Sous la moyenne	17	22	28	24
Filles	**11 ans**	**12 ans**	**13 ans**	**14 ans**
Très élevée	43	50	59	48
Élevée	39	43	50	41
Moyenne	27	30	40	30
Sous la moyenne	18	19	22	20

Source : Normes provenant du programme *Élèves en forme*, Association régionale du sport étudiant de Québec et Chaudière-Appalaches.

Date du test 1 (année, mois et jour) :	Date du test 2 (année, mois et jour) :	Date du test 3 (année, mois et jour) :
20____ / ____ / ____	20____ / ____ / ____	20____ / ____ / ____
Ton résultat : _____	Ton résultat : _____	Ton résultat : _____
Ta vigueur musculaire : _____	Ta vigueur musculaire : _____	Ta vigueur musculaire : _____

C | Évalue la vigueur des muscles de tes bras et du haut de ton corps.

CE QU'IL FAUT

- Un tapis d'exercice au sol.
- Un chronomètre ou une montre.

CE QUE TU DOIS FAIRE

- Exécuter, sans limite de temps, le plus grand nombre de tractions (*push-ups*), c'est-à-dire des flexions et extensions complètes des bras avec le corps allongé. Le test prend fin quand tu n'es plus capable d'exécuter une traction complète sans que ton dos ne se courbe vers le sol.

> Si tu veux en savoir plus sur les **activités permettant d'améliorer la vigueur musculaire,** consulte le Compagnon Web pour connaître d'autres exemples d'activités du genre.

TON RÉSULTAT

Une fois le test terminé, consulte le tableau ci-dessous pour déterminer la vigueur de tes muscles en fonction du nombre de tractions complétées. Indique ensuite ton résultat dans l'espace prévu plus bas.

Vigueur des bras et du haut du corps				
Garçons	**11 ans**	**12 ans**	**13 ans**	**14 ans**
Très élevée	27	31	39	40
Élevée	24	28	36	32
Moyenne	15	18	24	24
Sous la moyenne	5	9	11	13
Filles	**11 ans**	**12 ans**	**13 ans**	**14 ans**
Très élevée	19	20	21	20
Élevée	17	17	17	16
Moyenne	11	10	11	10
Sous la moyenne	4	2	4	3

Source : Normes provenant du programme *Élèves en forme,* Association régionale du sport étudiant de Québec et Chaudière-Appalaches.

Date du test 1
(année, mois et jour) :
20_____ / _____ / _____

Ton résultat : _____

Ta vigueur musculaire :
_____

Date du test 2
(année, mois et jour) :
20_____ / _____ / _____

Ton résultat : _____

Ta vigueur musculaire :
_____

Date du test 3
(année, mois et jour) :
20_____ / _____ / _____

Ton résultat : _____

Ta vigueur musculaire :
_____

D Évalue la flexibilité de ton tronc en position assise.

CE QU'IL FAUT

- Un mur ou un meuble solide sur lequel tu peux appuyer tes pieds.

CE QUE TU DOIS FAIRE

- Te mettre en position assise avec les jambes tendues, et les pieds espacés de 25 cm à 30 cm, appuyés contre un mur (ou un meuble).
- Pencher le tronc lentement vers l'avant, sans plier les genoux.

- Si tu ne peux pas atteindre le mur du bout des doigts, c'est que tes mollets et tes muscles ischio-jambiers (situés à l'arrière des cuisses) sont plutôt raides.
- Si tu touches le mur du bout des doigts ou, mieux, avec les poings, alors Bravo !, car ton tronc est flexible quand tu te penches vers l'avant.

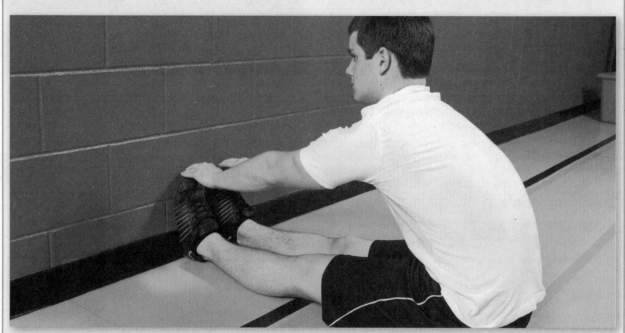

TON RÉSULTAT

Une fois le test terminé, consulte le tableau ci-contre pour déterminer la flexibilité de tes muscles en fonction de la position atteinte. Indique ensuite ton résultat dans l'espace prévu plus bas.

Position atteinte	Flexibilité
Les paumes des mains touchent le mur.	Très élevée
Les poings touchent le mur.	Élevée
Les bouts des doigts touchent le mur.	Moyenne
Les bouts des doigts ne touchent pas le mur.	Sous la moyenne

Date du test 1
(année, mois et jour) :
20_14_ / _09_ / _16_

Ton résultat : _____

Ta flexibilité musculaire :
Sous la moyenne

Date du test 2
(année, mois et jour) :
20_____ / _____ / _____

Ton résultat : _____

Ta flexibilité musculaire :
_____

Date du test 3
(année, mois et jour) :
20_____ / _____ / _____

Ton résultat : _____

Ta flexibilité musculaire :
_____

E Évalue la flexibilité de tes épaules.

CE QU'IL FAUT

- Un bâton.

CE QUE TU DOIS FAIRE

- Te coucher sur le ventre, menton collé au sol, bras allongés devant toi, mains écartées à la largeur des épaules.

- Prendre le bâton et, **sans fléchir les poignets ou les coudes, ni décoller le menton du sol** (position de départ), lever le bâton le plus haut possible (position du test). Un ou une partenaire peut évaluer la hauteur à laquelle tu lèves le bâton.

TON RÉSULTAT

Une fois le test terminé, consulte le tableau ci-contre pour déterminer la flexibilité de tes muscles en fonction de la position atteinte. Indique ensuite ton résultat dans l'espace prévu plus bas.

Position atteinte	Flexibilité
Bâton levé nettement au-dessus de la tête.	Très élevée
Bâton levé juste au-dessus de la tête.	Élevée
Bâton levé au niveau de la tête.	Moyenne
Bâton levé à peine au-dessus du sol.	Sous la moyenne

Si tu veux en savoir plus sur les **activités permettant d'améliorer la flexibilité musculaire**, consulte le Compagnon Web pour connaître d'autres exemples d'activités du genre.

Date du test 1
(année, mois et jour) :
20_____/_____/_____

Ton résultat : _____

Ta flexibilité musculaire :
_____

Date du test 2
(année, mois et jour) :
20_____/_____/_____

Ton résultat : _____

Ta flexibilité musculaire :
_____

Date du test 3
(année, mois et jour) :
20_____/_____/_____

Ton résultat : _____

Ta flexibilité musculaire :
_____

Fais le bilan de ta condition physique actuelle.

À la suite de la première évaluation de ta condition physique, indique par un ✔ tes points forts et tes points faibles.

	Endurance cardiovasculaire	Vigueur des abdominaux	Vigueur des bras et du haut du corps	Flexibilité du tronc	Flexibilité des épaules
Points forts					
Points faibles					

N'oublie pas de reporter ton niveau d'endurance cardiovasculaire à la première étape de ton plan d'action.

plan d'action   p. 90

Pour t'améliorer dans ces tests, n'hésite pas à t'exercer en les répétant souvent.

Tout bien réfléchi !

Lis le texte ci-dessous et indique le genre d'exercice ou d'activité physique que tu proposerais à Ara pour qu'il améliore à coup sûr son endurance cardiovasculaire. Justifie tes choix d'exercices ou d'activités physiques.

Le cas d'Ara

Ara vient d'avoir 12 ans. Après avoir effectué le test des 12 minutes, il constate que son endurance cardiovasculaire se situe au-dessous de la moyenne. Il faut dire que, depuis qu'il a reçu en cadeau une console de jeux portative, il passe plusieurs heures par semaine à jouer en ligne avec quelques-uns de ses camarades. Résultat : il a délaissé le soccer et le hockey, qu'il pratiquait régulièrement jusqu'à la toute fin de son primaire. Heureusement, son résultat au test des 12 minutes l'a quelque peu secoué, lui qui était si en forme il y a tout juste un an ! Ara veut s'y remettre et obtenir un résultat se situant au moins dans la moyenne lors du prochain test, qui est prévu dans deux mois.

_____

_____

_____

_____

_____

_____

_____

_____

_____

_____

_____

_____

1.5 Le contenu d'une séance type d'activité physique

Savais-tu qu'une séance type d'activité physique le moindrement modérée doit inclure les éléments suivants dans l'ordre présenté : l'échauffement, la séance d'activité physique et le retour au calme ?

L'échauffement de base

L'échauffement, qui est constitué d'exercices légers et d'étirement, permet au corps de devenir plus chaud, en particulier les muscles, en assurant une transition entre l'état de repos et l'état d'activité. En fait, même les artistes comme les vedettes rock s'échauffent avant de commencer leur spectacle. Ce qui a pour effet :

★ D'ouvrir bien grands les vaisseaux sanguins afin de faciliter le passage du sang vers les muscles et le cœur, qui seront bientôt très sollicités.

★ De rendre moins épaisse la **synovie**, le lubrifiant naturel des articulations, qui seront plus souples le moment venu.

★ D'augmenter la coordination et la vitesse des mouvements pendant l'activité.

En règle générale, un échauffement de 10 minutes est suffisant pour augmenter la température du corps. Toutefois, si tu as, par exemple, une séance d'entraînement de soccer, ton échauffement sera plus long et comprendra aussi un échauffement spécifique, c'est-à-dire comportant des exercices d'étirement apparentés à ceux que tu fais au soccer. Sinon, l'échauffement de base comprend un exercice d'activation cardiovasculaire (ex. : course sur place, marche rapide, saut à la corde de faible intensité, etc.) qui vise à *réchauffer* tes muscles, et quelques exercices d'étirement pour *dégourdir* tes articulations.

Synovie
Liquide visqueux qui lubrifie les articulations mobiles.

En règle générale, un échauffement de 10 minutes est suffisant pour augmenter la température du corps

Même les artistes comme les vedettes rock s'échauffent avant de commencer leur spectacle

La séance d'activité physique

La séance d'activité physique varie en durée et en intensité en fonction de l'activité pratiquée.

Par exemple, s'il s'agit d'un entraînement en piscine en vue d'une compétition, la séance peut facilement durer plus de 50 minutes et être assez intense. S'il s'agit d'une séance de *cardio* de base (ex. : un jogging léger que tu dois faire durant ton cours d'éducation physique et à la santé), l'activité peut durer plus de 20 minutes et être d'une intensité modérée à élevée.

Le retour au calme

Le retour au calme est une étape importante, surtout si l'activité a été le moindrement vigoureuse. Ne saute pas cette étape, car elle permet un retour progressif à l'état de repos, ou presque, et accélère la récupération. Cette partie d'une séance type peut durer de 5 à 10 minutes et comprendre des exercices cardiovasculaires légers (ex. : une marche lente) et quelques exercices d'étirement des muscles qui ont travaillé au cours de l'activité physique.

Le retour au calme est une étape importante, surtout si l'activité a été vigoureuse

Schéma d'une séance type d'activité physique

ÉCHAUFFEMENT DE BASE
Durée suggérée : 10 minutes
Intensité : exercices cardiovasculaires légers et étirements
Particularité : permettre à ton corps de se réchauffer

SÉANCE D'ACTIVITÉ PHYSIQUE
Durée suggérée : 40 minutes (peut varier)
Intensité : modérée à élevée (variable selon le type d'activité)
Particularité : solliciter ton corps et ton énergie

RETOUR AU CALME
Durée suggérée : environ 10 minutes
Intensité : exercices légers et étirements
Particularité : permettre à ton corps de revenir progressivement à l'état de repos

Karolanne Livernoche-Gerbeau, coureuse de vitesse

Karolanne est en 2e secondaire et pratique l'athlétisme (sprint) depuis l'âge de 9 ans. Elle a représenté sa région lors des Jeux du Québec de 2007. Elle joue également au soccer, niveau AA, depuis plusieurs années.
Son ambition : Maintenir un mode de vie sain.

Sains et actifs : *Quelle activité physique pratiques-tu de façon régulière ?*

K.L.-G. : Je pratique l'athlétisme depuis l'âge de neuf ans. Courir, pour moi, est un de mes points forts et j'aime ça. Ça me donne un but et si je réussis un bon temps de course, ça me permet de m'améliorer. Je suis compétitive et le résultat dépend toujours de moi.

Sains et actifs : *Qu'est-ce qui te fait tant aimer la course ?*

K.L.-G. : J'ai choisi l'athlétisme parce que j'adore courir. C'est l'une de mes forces et c'est naturel pour moi. J'ai toujours été dans les plus grandes. J'ai de longues jambes et j'ai le rythme pour courir. C'est facile pour moi.

« Il faut que tu aimes ton sport »

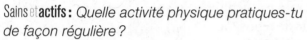

Sains et actifs : *En quoi la pratique de ton sport influence-t-elle ton mode de vie ?*

K.L.-G. : Il faut que tu aimes ton sport. Et si tu es bien là-dedans, tu vas être prêt à faire des sacrifices pour y arriver. Quand tu veux y arriver, c'est plus facile. Pour prendre un exemple, quand tu as faim et que tu as le choix entre un cornet de crème glacée, des *chips* ou une pomme, tu penses à ton entraînement après, où ce sera beaucoup plus facile de digérer une pomme. On choisit des choses qui sont plus en rapport avec la santé.

Sains et actifs : *Quelle place occupe la discipline dans ta vie ?*

K.L.-G. : Au début, avant de faire des entraînements et de la compétition, ce n'était pas pareil. Je ne me sentais pas du tout bien dans mon corps, car j'étais moins en forme et en santé. Aujourd'hui, je pense à ce que je mange et aux portions, car si je mange trop, je vais avoir des douleurs. J'ai mon entraînement tout de suite après l'école, alors je mange un fruit avant pour avoir quelque chose dans l'estomac. Sinon, ça peut causer de la fatigue ou un mal de tête. Mon activité physique m'encourage à me discipliner. Des fois, ça m'arrive de boire une boisson gazeuse, mais il ne faut pas que ça devienne abusif. J'ai fait des efforts pour en arriver là, et je viendrais briser ça ?

« Mon activité physique m'encourage à me discipliner »

KAROLANNE LIVERNOCHE-GERBEAU

Sains et actifs : *Qu'est-ce qui te motive dans ton sport ?*

K.L.-G. : Mes défis, ce sont mes difficultés. Il faut que je me donne à fond pour parvenir à les surmonter. Avec mes résultats dans mon sport, je bâtis ma confiance.

Dans ma catégorie, il y a une fille qui est vraiment née pour l'athlétisme. Avant, elle me faisait peur. La première fois que j'ai couru contre elle, je me suis dit : « Oh, mon Dieu ! oh, mon Dieu ! ». J'étais figée. Mais mon *coach*

m'a dit : « Pense juste à ta course, puis on verra les résultats. Fais comme si elle n'était pas là. » Aux Jeux du Québec, elle a fini première et je suis arrivée deuxième. Au 60 m, elle était vraiment plus forte, mais au 150 m, j'étais vraiment proche. Peut-être qu'au 200 m, je la rejoindrais ! Ce qui est motivant, c'est de progresser et de devoir dépasser des plus forts que soi. Dans la vie, il y en aura toujours un qui te semblera meilleur et qui te poussera à en donner plus, à aller au bout de tes forces.

> « Je mets la barre plus haut »

> « Dans la vie, il y en aura toujours un qui te semblera meilleur et qui te poussera à en donner plus, à aller au bout de tes forces »

Sains et actifs : *Quel plan d'action t'es-tu donné pour t'aider et t'améliorer ?*

K.L.-G. : Il faut pratiquer. À force de pratiquer, on y arrive. Par exemple, ma faiblesse, c'était mes départs lors des sprints. Il m'arrivait souvent de faire de faux départs. J'étais trop stressée et j'avais de la difficulté à me concentrer. J'ai donc pratiqué, pratiqué, pratiqué ! Maintenant, je gère beaucoup mieux mon stress, et je me concentre sur mon corridor et ma course. Pour m'aider à me développer davantage, je mets la barre plus haut.

Sains et actifs : *En quoi crois-tu que ton mode de vie actuel aura une influence sur tes projets d'avenir ?*

K.L.-G. : Ça fait longtemps que je suis active alors j'aurais de la difficulté à y renoncer. J'aimerais maintenir mes bonnes habitudes. Je suis contente d'en être arrivée là et j'espère garder la même énergie que je mets pour m'entraîner.

Sains et actifs : *Qu'est-ce que la pratique de ton sport t'a permis de découvrir sur toi ?*

K.L.-G. : Pour moi, au début, c'était facile de gagner. Mais après, je me suis rendu compte qu'il y avait beaucoup d'autres personnes de mon niveau, et que l'on se ressemblait beaucoup. Ça m'a découragée et fait peur. Je me suis dit : « Tu ne peux pas abandonner après tout le travail que tu as fait, et ce n'est pas une course qui va te décourager. » À l'école, dans mes travaux, c'est la même chose. Je ne me laisse pas décourager. J'applique à un autre domaine ce que l'athlétisme m'a permis de découvrir.

« J'applique à un autre domaine ce que l'athlétisme m'a permis de découvrir »

Sains et actifs : *Crois-tu que la société doit encourager l'adoption d'un mode de vie sain et actif ?*

K.L.-G. : Si toute la société encourageait un athlète, on se sentirait vraiment prêt à donner notre 100 % pour ne pas les décevoir. Quand on apprend d'un échec, ça nous rend plus fort. Quand on sait qu'il y a du monde avec nous pour nous soutenir dans notre sport, ça nous aide vraiment.

« Quand on apprend d'un échec, ça nous rend plus fort »

Sains et actifs : *Peux-tu me décrire comment les autres (ex. : ta meilleure amie, ton entraîneur) te perçoivent ?*

K.L.-G. : Toutes mes amies me considèrent comme étant sportive et ont une belle image de moi. Par exemple, lorsque je vais au restaurant avec elles, les choix que je fais les aident à prendre une meilleure décision. Mes amies pensent que j'ai une influence positive sur elles. La plupart de mes amis me respectent, mais certains disent que je suis *straight*. Moi, j'aime mieux être *straight* et prendre soin de ma santé.

« Moi, j'aime mieux être *straight* et prendre soin de ma santé »

Sains et actifs : *Qu'est-ce qui est le plus important pour toi dans la vie ?*

K.L.-G. : C'est ma famille. C'est grâce à elle si je suis rendue là où je suis. Mes amies, aussi, m'ont vraiment aidée beaucoup. La santé est une autre chose qui m'importe.

KAROLANNE LIVERNOCHE-GERBEAU

Sains et actifs : *Pourquoi est-il important d'avoir un mode de vie sain et actif ?*

K.L.-G. : Souvent les personnes qui ont une vie moins saine ont des problèmes de poids, et ça mène à l'obésité. Si elles veulent, elles peuvent tout changer. Il s'agit de vouloir. Ce qui devrait les pousser à avoir une vie saine et active, ce serait d'essayer. Il faudrait essayer de les aider en matière d'alimentation. Si les enfants avaient le choix de manger des aliments sains, ce serait plus facile pour eux de faire du sport parce qu'ils se sentiraient mieux dans leur peau.

Sains et actifs : *Qu'est-ce qui nuit à un mode de vie sain et actif ?*

K.L.-G. : C'est de prendre de mauvaises habitudes. Si j'arrêtais mes entraînements, et que je recommençais, je serais obligée de reprendre le rythme. Il ne faut jamais arrêter complètement. C'est la même chose pour l'alimentation. Si on maintient les bonnes habitudes dans la pratique d'un sport ou dans son alimentation, c'est plus facile et, finalement, ça devient un mode de vie. Moi, je fais du sport chaque jour et ça m'aide beaucoup. Je garde vraiment un rythme et ça me motive à le garder. Il faut vouloir et se concentrer pour le faire.

« C'est sûr que c'est pour te sentir mieux dans ta peau »

« Il faut vouloir et se concentrer pour le faire »

Fais le point

1 Nomme les éléments qui doivent faire partie d'une séance type d'activité physique le moindrement modérée.

_____

_____

_____

2 Que doit comprendre un échauffement de base ?

_____

_____

_____

_____

3 Que doit comprendre ton échauffement si tu joues un match de basketball ?

1. _____

_____

2. _____

_____

3. _____

_____

4 Nomme trois avantages que procure l'échauffement.

1. _____

_____

2. _____

_____

3. _____

_____

5 Que t'apporte le retour au calme ?

_____

_____

_____

② L'alimentation

Quoi de plus rafraîchissant qu'une barbotine *(slush)* ou un cola bien froid ? Quoi de plus goûteux qu'une frite bien arrosée de sauce ou qu'un juteux hamburger tout garni ? Tout le monde, ou presque, consomme de tels aliments de temps à autre, et ne s'en porte pas plus mal.

> L'important pour ta santé, c'est ce que tu manges jour après jour

L'important pour ta santé, c'est ce que tu manges jour après jour. Si les fruits et les légumes frais, les jus de fruits (et non les boissons aux fruits), le poisson, la viande blanche ou la viande rouge maigre, le lait et les céréales à grains entiers (riz, pain de blé entier, céréales à déjeuner, etc.) font partie des aliments que tu manges régulièrement, on peut dire que tu manges bien. Dans ce cas, il est moins grave que tu avales une poutine accompagnée d'une boisson gazeuse une fois de temps en temps !

Puisque ton corps est en pleine croissance, il est jugé normal que tu manges parfois beaucoup pour combler tes **besoins nutritionnels**. Il arrive même que tu aies une faim plus grande que celle d'un adulte.

En fait, pendant la période de développement accéléré que ton corps vit, il a de grands besoins, entre autres, en protéines, en vitamine D (une vitamine essentielle pour l'absorption normale du calcium), en calcium (pour les os) et en fer. Le besoin en fer est encore plus grand chez les filles à cause du début des règles qui entraînent une perte de sang et, donc, une perte de fer.

Besoins nutritionnels
Quantités d'aliments nécessaires pour assurer le bon fonctionnement du corps.

Si tu fais beaucoup d'activités physiques, tu vas manger encore plus, et c'est normal. C'est même nécessaire parce que tu dépenses plus de calories qu'un ou une jeune de ton âge qui est sédentaire, c'est-à-dire qui est moins actif ou moins active que toi.

Il ne faut pas pour autant que tu manges n'importe quoi. Tu dois surtout bien comprendre ce dont ton corps a besoin comme carburant alimentaire pour bien fonctionner, effectuer ce que tu lui demandes et assurer ta croissance.

Tu dois surtout bien comprendre ce dont ton corps a besoin comme carburant alimentaire

 Si tu veux en savoir plus sur les **quantités de chaque groupe alimentaire** que tu dois prendre parce que tu doutes que ton alimentation comble tous tes besoins, consulte le Compagnon Web sous la rubrique Alimentation.

Les aliments clés de la croissance

POUR COMBLER TES BESOINS EN PROTÉINES ET, DU COUP, EN ZINC :
Poisson, fruits de mer, volaille (poulet, dinde, canard), viande maigre, légumineuses, noix et graines, œufs, beurre d'arachide

POUR TES BESOINS EN FER :
Poisson, fruits de mer, volaille (poulet, dinde, canard), viande maigre, légumineuses

POUR TES BESOINS EN VITAMINES ET EN MINÉRAUX :
Fruits et légumes (cinq à neuf portions par jour)

POUR TES BESOINS EN CALCIUM :
Lait, fromage, yogourt, boisson de soya enrichie

2.1 Quatre stratégies gagnantes

Tout d'abord, il faut que tu te poses la question suivante : est-ce que mon alimentation répond aux besoins de mon corps compte tenu de mon âge et de mon niveau d'activité physique ? Tu arrives à un moment de ta vie où tu es probablement plus préoccupé ou plus pré-occupée par ta forme et ta silhouette, ton image en fait, que par ce que tu manges et ce qui est bon pour ton bien-être et ta santé.

Il se peut même que tes habitudes alimentaires deviennent un peu chaotiques : déjeuners sautés, absence de collations, repas devant la télé ou l'ordina-teur, repas rapides *(fast food)* en groupe au resto du coin, grignotage. Dans ces conditions, il est parfois difficile de concilier alimentation et croissance du corps.

Le Guide alimentaire canadien est une source d'information importante pour faire les bons choix dans ton alimentation au quotidien.

Est-ce que mon alimentation répond aux besoins de mon corps compte tenu de mon âge et de mon niveau d'activité physique ?

Santé Canada / Health Canada

Votre santé et votre sécurité... notre priorité.

Your health and safety... our priority.

Bien manger avec le Guide alimentaire canadien

Un bon déjeuner fournit au départ 30 % à 40 % des nutriments dont tu as besoin pour toute la journée

Glycémie
Taux de glucose (sucre) dans le sang.

Déjeuner sur le pouce !
Tu ne déjeunes plus parce que tu manques de temps le matin ? Dans ce cas, il existe des déjeuners minute qui te permettront au moins de ne pas arriver en classe le ventre vide et avec un taux de sucre dans le sang (**glycémie**) au plus bas.

Voici quelques suggestions : Boîte de céréales à déjeuner en portions individuelles ; muffin maison ; yogourt en tube ; jus de fruit exotique ; yogourt frappé ; lait de poule ; vrai jus de fruit en boîte accompagné d'une demi-tasse de fruits séchés mélangés, de graines et de noix.

Stratégie 1
Faire le plein au déjeuner

Il y a de plus en plus de jeunes qui ne déjeunent pas. Si tu fais partie de ce groupe, tu rates malheureusement le repas le plus important de la journée. En effet, un bon déjeuner fournit au départ 30 % à 40 % des nutriments dont tu as besoin pour toute la journée.

Par exemple, un simple bol de céréales à grains entiers accompagné de lait et d'un fruit ou d'un jus de fruit satisfait plus de 33 % de tes besoins quotidiens en fibres alimentaires, et plus de 30 % de tes besoins en vitamines A, B et C. Sans compter les apports substantiels en fer, en zinc, en magnésium, en potassium, en phosphore et en calcium.

En fait, tous les **nutriments** dont ton corps a besoin sont un peu comme le carburant dans un moteur ou le courant dans des fils électriques.

En effet, plusieurs études confirment que prendre un bon déjeuner le matin permet de fournir un meilleur rendement scolaire, d'avoir plus d'énergie et aussi d'apprendre avec plus de facilité, au lieu de s'endormir à 11 h parce que le taux de sucre dans notre sang est trop bas (**hypoglycémie**) !

De plus, en ne déjeunant pas, tu peux, à la longue, ralentir ton **métabolisme** de base, c'est-à-dire l'énergie dépensée par ton corps au repos pour maintenir tes fonctions vitales (ex. : respiration, rythme cardiaque, élimination des déchets cellulaires, etc.).

Pourquoi c'est si important ? Parce qu'un métabolisme plus lent signifie que tu brûles moins d'énergie pour répondre à tes besoins vitaux, minute après minute. Tu emmagasines alors un surplus de calories, jour après jour. C'est ce qui peut te faire prendre du poids si tu ne compenses pas par la pratique d'activités physiques.

Nutriment
Élément contenu dans les aliments et pouvant être entièrement et directement assimilé par l'organisme. Les nutriments sont généralement classés en nutriments énergétiques (les glucides, les lipides et les protéines) et en nutriments essentiels (les vitamines, les minéraux et l'eau).

Hypoglycémie
Diminution du taux de glucose (sucre) dans le sang.

Métabolisme
Ensemble des transformations qui s'opèrent dans l'organisme et qui permettent le maintien de la vie.

Stratégie 2
Éviter de manger devant la télé !

Manger en regardant la télévision n'est pas sans risque pour la santé, au contraire. Le piège, c'est que, quand tu manges en regardant la télé, tu ne réalises pas vraiment la quantité d'aliments que tu avales, si bien que tu risques de manger beaucoup plus, et plus longtemps.

Il y a toutes ces pubs à la télé, qui font souvent la promotion de friandises ou de repas minute *(fast food)* et qui sont intentionnellement diffusées vers la fin de l'après-midi. Ça donne des envies ! Il n'y a pas de conséquence importante si tu fais ces choix de temps en temps. L'important, c'est de ne pas en faire une habitude et de conserver un équilibre. Rappelle-toi que tous les aliments ont leur place et que le secret est dans l'équilibre et la variété.

Match 1 : Lait versus Cola

Prendre un verre de cola de temps à autre ne fait pas de mal. En boire souvent et au détriment de boissons plus nutritives comme le lait, ce n'est pas un bon choix, car les colas n'apportent que des calories vides. Une calorie vide est très pauvre sur le plan nutritif, comme tu peux le constater ici.

Lait 2 % (350 ml)		Boisson gazeuse (350 ml)
181 kcal	ÉNERGIE	150 kcal
12,0 g	PROTÉINES	0
7,0 g	MATIÈRES GRASSES	0
16,8 g	GLUCIDES	37,7 g
15 %[1]	VITAMINE A	0
62 %	VITAMINE D	0
11 %	THIAMINE	0
35 %	RIBOFLAVINE	0
14 %	NIACINE	0
8 %	VITAMINE B6	0
8 %	FOLACINE	0
63 %	VITAMINE B12	0
15 %	PANTOTHÉNATE	n.d.
41 %	CALCIUM	traces
31 %	PHOSPHORE	traces
20 %	MAGNÉSIUM	n.d.
15 %	ZINC	n.d.

[1] Pourcentage de l'apport quotidien.

Source : Québec, Kino-Québec, *Les jeunes et l'activité physique, situation préoccupante ou alarmante* [en ligne, p. 21]. (Consulté le 12 janvier 2009.)

La stratégie gagnante ? Tu as probablement deviné : faire une place de choix au déjeuner et opter pour une collation par goût personnel, et non parce qu'une publicité t'y invite !

Stratégie 3
Faire des choix équilibrés

C'est tendance : on trouve de plus en plus de petits et de grands formats de produits peu nutritifs qu'on te propose comme collation.

Les grands formats sont plus économiques au gramme que les petits formats. Les petits formats te donnent une fausse impression de bien manger en vantant le nombre peu élevé de calories. Des études indiquent que les grands formats nous font manger plus :

- En se servant dans un sac gros format de biscuits aux brisures de chocolat, par exemple, on mange en moyenne entre 20 % et 25 % plus de biscuits que dans un petit format.
- Manger des friandises chocolatées en se servant dans un gros sac (454 g) nous incite à en manger presque 2 fois plus que si on se sert dans un sac de format plus modeste (227 g).

La stratégie gagnante ? Tu as probablement deviné : faire une place de choix au déjeuner et opter pour une collation par goût personnel, et non parce qu'une publicité t'y invite !

Tout n'est pas question de calories, mais de valeurs nutritives et de besoins énergétiques selon ton niveau d'activité physique.

Match 2 : Repas rapide versus Repas équilibré

Repas rapide		Repas équilibré	
Aliments	Calories	Aliments	Calories
Hamburger double	530	Filet de porc (120 g)	218
Frites	458	Riz brun (1/2 tasse ou 125 ml)	120
Boisson gazeuse de format moyen	220	Haricots (1 tasse ou 250 ml)	50
Crème glacée	564	Carotte (1)	25
		Beurre (1 cu. à table)	135
		Tranche de pain de blé entier (1)	70
		Mousse au chocolat (1/4 tasse ou 60 ml)	163
		Lait 2 % (1/2 tasse ou 250 ml)	100
Total	1772	Total	881

Source : Marielle LEDOUX, Natalie LACOMBE et Geneviève ST-MARTIN, *Nutrition, sport et performance*, Géo Plein Air, 2006, p. 75.

Stratégie 4

Nourrir ton corps en pleine croissance

À l'adolescence, il est normal de manger beaucoup parce que le corps grandit et se renforce à vue d'œil. Il te faut ainsi nourrir ton corps de façon à lui donner toute l'énergie dont il a besoin, donc des calories, mais aussi tout ce qui vient avec les aliments (ex. : vitamines, minéraux, glucides, lipides, protéines, etc.).

Chez les adolescents, par ailleurs, le désir de manger est souvent conditionné par l'apparence des aliments et par leur goût. L'important, c'est que ce soit bon au goût. La recherche de sensations prime sur la raison. Et ça, les publicistes l'ont bien compris.

En 2008, les ventes de boissons énergisantes ont atteint près de 300 millions de dollars au Canada, en hausse de 54 % comparativement à l'année précédente, où elles avaient déjà connu une augmentation de 74 %.

Cependant, une telle popularité ne signifie pas pour autant que ces boissons soient saines et sans risque pour ta santé. En raison de leur forte teneur en caféine et en sucre, ces boissons ne sont pas recommandées dans le cadre d'une saine alimentation. Les jeunes sont particulièrement vulnérables aux effets de la caféine sur le comportement, et la quantité de caféine contenue dans ces boissons est souvent bien supérieure à la dose quotidienne maximale recommandée pour des jeunes de ton âge.

> Selon les données d'une enquête menée par Santé Québec, plus du tiers des filles de 12-13 ans ont déjà suivi une diète pour maigrir. Or, si tu as la tentation de suivre une diète, tu dois savoir que c'est un des pires moyens pour atteindre un poids-santé, c'est-à-dire en concordance avec ton type physique (gros os ou petits os) et ton âge.

La recherche de sensations prime sur la raison. Et ça, les publicistes l'ont bien compris

Une telle popularité ne signifie pas pour autant que ces boissons soient saines et sans risque pour ta santé

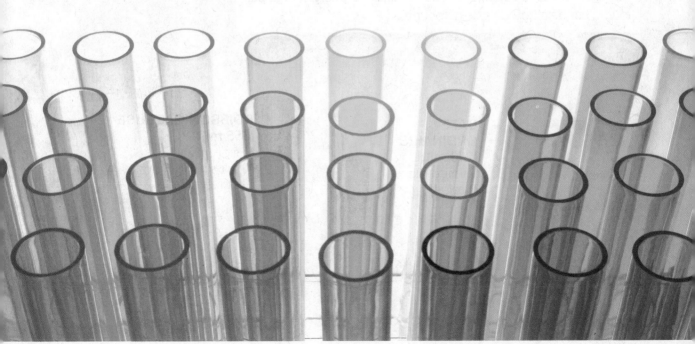

En rafale

Légende urbaine sur la caféine

Les boissons dites *énergisantes* peuvent créer une dépendance à la caféine.

Vrai. Ces boissons sont de plus en plus populaires auprès des jeunes, mais elles sont, hélas! très riches en caféine. Une seule cannette peut facilement contenir 80 mg de caféine, ce qui équivaut presque à une tasse de café ordinaire. De plus, la quantité de caféine indiquée sur l'étiquette nutritionnelle ne reflète pas nécessairement la quantité réelle contenue dans la boisson énergisante. C'est que la loi sur l'étiquetage n'exige pas que la caféine soit inscrite sur les étiquettes, sauf si elle a été ajoutée séparément au produit comme substance pure. Or, beaucoup de ces boissons contiennent du guarana et du maté, deux plantes également riches en caféine. Donc, la boisson énergisante contient peut-être 120 mg de caféine en réalité, et non 80 mg.

Le problème avec la caféine, c'est qu'elle crée une dépendance physiologique. Alors, si tu prends, ne serait-ce qu'une fois de temps en temps, une boisson énergisante, tu risques de devenir accro à la caféine. Et après? Trop de caféine peut te causer des palpitations cardiaques, faire monter ta pression sanguine et changer ton humeur en te rendant plus irritable. Par exemple, si tu consommes deux boissons énergisantes par jour, c'est déjà trop de caféine pour toi.

Caféine

Ingrédient naturel présent dans les feuilles, les graines ou les fruits d'un certain nombre de plantes, dont le café, le thé, le cacao, la noix de kola, le guarana et le maté. Elle est aussi fabriquée et utilisée comme additif alimentaire dans certaines boissons gazeuses et dans certains produits pharmaceutiques comme les médicaments contre le rhume et les analgésiques.

BOISSON ÉNERGISANTE (250 ml):
80 mg à plus de 120 mg de caféine
37,5 g de sucre (environ 10 sachets de sucre)

CAFÉ ORDINAIRE (250 ml):
100 mg et plus de caféine

BOISSON GAZEUSE (355 ml):
35 mg de caféine
40 g de sucre (environ 10 sachets de sucre)

Fais le point

Voici une liste de comportements qui peuvent devenir de mauvaises habitudes. En cochant les cases appropriées, indique s'il s'agit de comportements que tu as adoptés dans ta vie.

Comportement pouvant devenir une mauvaise habitude	Oui	Non
a) Sauter régulièrement le déjeuner.	✗	
b) Regarder régulièrement la télé en mangeant ou en grignotant.	✗	
c) Dîner régulièrement au resto du coin avec des amis.		✗
d) Même sans avoir faim, grignoter régulièrement des aliments riches en calories vides.		✗
e) Manger avant d'aller au lit.		✗
f) Se lever durant la nuit pour grignoter.		✗
g) Prendre le plus gros repas de la journée au souper.	✗	

■ Si tu as répondu « oui » en **a**, pour quelles raisons sautes-tu ainsi ton déjeuner ?

j'ai pas faim et pas beaucoup de temps

■ Si tu as répondu « oui » en **b**, comment cette habitude est-elle apparue ?

parce qu'il y avait des bonne émission

■ Si tu as répondu « oui » en **c**, dans quel genre de resto vas-tu dîner ?

A. Restauration rapide.

B. Restaurant du coin où on sert un menu varié.

C. Autre : _____

■ Si tu as répondu « oui » en **d**, peux-tu décrire l'état dans lequel tu es lorsque tu grignotes ainsi sans avoir faim ?

A. Je m'ennuie.

B. Je suis stressé ou stressée.

C. Je suis avec des amis.

D. Autre : _____

■ Si tu as répondu « oui » en **e**, pour quelle raison grignotes-tu avant d'aller au lit ?

A. J'ai vraiment faim.

B. J'ai développé cette mauvaise habitude.

C. Je suis stressé ou stressée.

D. Je viens de pratiquer une activité sportive.

E. Autre : _____

■ Si tu as répondu « oui » en **f**, dans quel état te réveilles-tu ?

A. J'ai vraiment faim.

B. J'ai fait un mauvais rêve.

C. Je suis stressé ou stressée.

D. Je n'ai pas faim pendant la journée.

E. Autre : _____

■ Si tu as répondu « oui » en **g**, que se passe-t-il pendant la journée pour que tu ne manges pas de façon régulière ?

A. J'ai trop de choses à faire.

B. Je n'ai pas faim.

C. J'ai mangé trop tard la veille.

D. J'ai développé cette habitude depuis longtemps.

E. Autre : _____

2.2 Manger et s'hydrater quand on bouge

Si tu es une personne physiquement active, voire très active, tu dois bien te nourrir et t'hydrater. Habituellement, il est conseillé de consommer l'équivalent de 6 verres d'eau par jour, soit 1,5 litre.

Que ce soit pour profiter pleinement de tes séances d'activité physique, c'est-à-dire avec entrain et énergie, ou répondre à tes besoins quotidiens, tu dois bien te nourrir et t'hydrater. Quand tu bouges, les besoins nutritifs de ton corps sont plus élevés parce que tu brûles plus de calories, mais aussi tes réserves en eau. Il ne s'agit pas de chambarder toutes tes habitudes alimentaires, mais simplement d'y apporter de petits ajustements, que voici.

Boire suffisamment

Si l'activité que tu pratiques est vigoureuse, tu transpires parce que tu perds de l'eau. Par exemple, pendant un match de hockey ou une séance d'entraînement de soccer, tu peux perdre facilement plus de un litre de sueur à l'heure, essentiellement composée d'eau. Si tu ne remplaces pas cette eau perdue, tu commences à te déshydrater, et ça, ce n'est pas une bonne nouvelle. Fatigue et crampes musculaires risquent en effet d'être au rendez-vous. Heureusement, il est facile d'éviter la **déshydratation** en buvant suffisamment avant, pendant et après l'activité.

Déshydratation
Déficit en eau qui survient plus rapidement par temps chaud.

- AVANT TON ACTIVITÉ PHYSIQUE
  Deux ou trois heures avant ta séance d'activité physique ou ton cours d'éducation physique et à la santé, tu dois boire de 5 ml à 7 ml d'eau par kilo de poids corporel, soit l'équivalent d'un grand verre d'eau (300 ml à 400 ml). Ainsi, tu t'assures d'avoir assez de réserves d'eau pour que ton corps puisse bouger sans risquer de se déshydrater.

- PENDANT TON ACTIVITÉ PHYSIQUE
  Selon la durée et l'intensité de ta séance d'activité physique, tu dois boire plusieurs gorgées d'eau à la fontaine ou, si tu as une bouteille d'eau, l'équivalent d'un petit verre d'eau (150 ml à 250 ml) toutes les 15 à 20 minutes. En prenant ainsi de petites quantités d'eau, plutôt qu'une grosse quantité, tu aides ton organisme à assimiler l'eau que tu lui fournis. Rappelle-toi que, quand tu commences à ressentir la soif, tu es déjà en début de déshydratation.

■ APRÈS TON ACTIVITÉ PHYSIQUE

Si ta séance d'activité physique a duré plus d'une heure et qu'elle a été d'une intensité moyenne à élevée, tu dois boire 1 ou 2 verres d'eau au cours des 30 minutes qui suivent.

Manger un peu plus sucré

Tu as besoin d'un apport adéquat en glucides (sucre), car ces nutriments fournissent de l'énergie à ton corps et aident à maintenir ton taux de sucre dans le sang (glycémie) à un niveau optimal pendant la pratique d'une activité physique.

Quelle quantité de sucre dois-tu consommer pour avoir suffisamment d'énergie pendant l'effort physique ? La réponse se trouve dans ce que tu vas manger avant ta séance d'activité physique.

Planifier ton repas avant de bouger

Si tu prévois pratiquer une activité physique modérée ou vigoureuse pendant plus de 60 minutes, alors, 3 à 4 heures avant l'activité, prends un repas riche en glucides de digestion lente afin que le taux de sucre dans ton sang augmente lentement. Si ton taux de sucre monte trop vite, ton corps risque de compenser en le faisant chuter tout aussi vite. Dans un tel cas, tu reviendrais à la case départ ; au moment de commencer ton activité, ton taux de sucre serait redevenu trop bas !

Voici quelques aliments riches en glucides de digestion lente : pâtes, yogourt, céréales à grains entiers, lait 1 % ou 2 %, etc. En fait, ce repas t'assure d'avoir un apport soutenu et régulier en glucose pendant l'effort, ce qui éloigne d'autant la panne d'énergie due à l'hypoglycémie. À la page suivante, on te donne des idées concrètes pour t'alimenter en fonction du temps dont tu disposes avant la pratique de ton activité physique.

Si tu n'as pas le temps alors, 1,5 à 2 heures avant l'activité, prends une collation qui te fournira rapidement l'énergie dont tu as besoin.

Quand boire sucré et salé ?

Si l'activité vigoureuse dure depuis plus d'une heure, tu as intérêt à boire une eau légèrement sucrée et salée parce que tes muscles commencent à manquer de carburant (sucre) et que tu as sans doute perdu pas mal de sodium par la sueur. Une boisson réhydratante idéale contient entre 4 g et 8 g de sucre (glucose) par 100 ml de liquide, et entre 50 mg et 70 mg de sodium par 100 ml. Pour savoir si ta boisson contient la bonne dose de sucre ou de sel, tu dois diviser le nombre de grammes de sucre (glucides) ou de sel (sodium) indiqué sur l'étiquette par le nombre de millilitres du contenant, puis multiplier par 100 le nombre ainsi obtenu. Par exemple, si un contenant de 250 ml d'une certaine boisson contient 15 g de glucides, cela équivaut à 6 g de glucides par 100 ml de liquide. Il s'agit donc d'une boisson appropriée pour toi quand tu fais de l'activité physique. Ne bois surtout pas un cola pendant ton effort, car les colas sont quatre fois plus sucrés que les boissons réhydratantes. Et une trop grande quantité de sucre qui arrive dans ton estomac retarde l'absorption de l'eau, en plus de faire remonter trop rapidement ton taux de sucre dans le sang.

POUR EN SAVOIR PLUS

Consulte le livre *Nutrition, sport et performance*, publié par Géo Plein Air, ou visite le site Internet,

www.coach.ca/nutrition

Le moment idéal et la grosseur du repas ont un lien entre eux.

Tu dois prévoir :

- Trois à quatre heures pour digérer un gros repas ou un repas riche en glucides.
- Deux à trois heures pour un repas léger.
- Une à deux heures pour un goûter, un repas liquide ou préparé au mélangeur, selon ton métabolisme.
- Des grains entiers, des légumes, des fruits, des jus, du lait et autres boissons, car ce sont de bons aliments.
- Si tu as tendance à avoir des problèmes de digestion avant les compétitions, choisis des aliments faibles en fibres, des jus, des aliments en purée ou des substituts de repas liquides.

ATTENTION

Les aliments épicés, donnant des gaz, gras ou riches en fibres peuvent causer un certain inconfort. Les aliments contenant de la caféine peuvent aussi entraîner des problèmes.

Fais des essais pendant l'entraînement pour voir les liquides et les aliments qui te conviennent le mieux ainsi que les quantités idéales.

N'essaie jamais de nouveaux aliments ou de nouvelles boissons avant ou pendant une compétition.

Insiste sur les liquides et les glucides.

La quantité et le type d'aliment varieront en fonction du temps disponible entre le repas et le début de l'entraînement ou de la compétition.

Idées de repas

- Rôtie ou bagel avec confiture, beurre d'arachide, jus, yogourt
- Gruau ou céréales, lait, raisins secs, jus
- Crêpes avec un peu de sirop ou de tartinade, jambon, jus
- Sandwich au poulet grillé, jus
- Sandwich à la viande maigre, carottes, lait, biscuit à la farine d'avoine et aux raisins secs, fruit
- Soupe minestrone, fromage, craquelins, jus de légumes
- Chili, bagel, lait
- Pâtes à la sauce tomate ou à la viande maigre, compote de pommes, lait au chocolat

Idées de collations

- Fruit
- Yogourt aux fruits
- Muffin faible en gras
- Pita avec hoummous
- Biscuits aux figues ou à la farine d'avoine
- Céréales sèches
- Petit jus ou coupe de fruits
- Craquelins
- Fruits secs
- Mélange montagnard avec céréales

Source : Association canadienne des entraîneurs [en ligne]. (Consulté le 4 mars 2009.)

À défaut de prendre un repas en bonne et due forme, tu peux consommer ce type de glucides en plus petites quantités, sous la forme d'une collation, au moins une heure avant ta séance d'activité physique.

PENSE-BÊTE !

Les trois principales règles à retenir pour bien manger et s'hydrater sont...

1. Deux à trois heures avant de faire une activité physique, je bois l'équivalent d'un grand verre d'eau (300 ml à 400 ml).

2. Si mon activité dure plus de 30 minutes et qu'elle est vigoureuse, je bois, toutes les 15 à 20 minutes, plusieurs gorgées d'eau.

3. Si je pratique une activité physique modérée ou vigoureuse pendant plus de 60 minutes, je prends un repas riche en glucides de digestion lente (glucides complexes), 1,5 à 2 heures avant l'activité.

③ Le sommeil

Il y a deux choses dont ton organisme ne peut pas être privé longtemps sans que tu risques de sérieux ennuis de santé : l'eau et le sommeil.

Après seulement une nuit sans dormir, l'organisme fonctionne déjà au ralenti, tant sur le plan physique que sur le plan mental. Après deux ou trois nuits sans dormir, on observe diverses conséquences sur la personne en manque de sommeil. En contrepartie, de saines habitudes de sommeil ont des retombées positives importantes à connaître.

Es-tu de ceux et celles qui croient que le sommeil est une perte de temps ? Pourtant, chaque nuit, c'est comme si ton corps profitait d'une mise au point complète, un peu comme celle qu'on fait faire à une auto pour la garder en bon état.

LES FONCTIONS DU SOMMEIL

Le sommeil te permet de **rêver**, ce qui est essentiel à ton équilibre psychique. Le rêve est en quelque sorte l'activité physique de ton cerveau qui permet au fou et au sage qui sommeillent en toi de partager leurs secrets.

Quand tu dors, ton corps subit une **remise à niveau** grâce à des sécrétions hormonales qui ont lieu la nuit et qui enclenchent une révision quotidienne de l'ensemble de tes mécanismes physiologiques.

L'état d'**apesanteur** que le sommeil apporte à ton corps permet à ta colonne vertébrale de se reposer des fortes pressions qu'elle doit encaisser le jour.

Le sommeil te **protège** pendant quelques heures des différents stress et de la pression que tu subis chaque jour dans ta vie active.

Le sommeil a aussi une fonction **esthétique** : c'est la nuit surtout que ta peau se régénère, que tes petites blessures se cicatrisent, que tes cheveux, tes ongles et tes dents poussent.

Source : Adapté de Dr Marc SALOMON *et al.*, *Le guide Équilibre Santé*, Éditions Pasteur, pages 211-212.

Le tableau ci-dessous illustre les bénéfices qu'on attribue à de bonnes habitudes de sommeil de même que les principales conséquences d'un manque de sommeil.

Mais alors, te demandes-tu, comment savoir si je dors suffisamment ?

Vers 12-13 ans, on a besoin d'environ 9 à 10 heures de sommeil par nuit. Bien sûr, il s'agit d'une moyenne. Pour certaines personnes de ton âge, ça peut être 7 ou 8 heures, et pour d'autres, 10 heures. L'important, c'est de noter si tu sens que ton corps est bien reposé au réveil, qu'il est plein d'énergie et que ton esprit est bien éveillé ; c'est un signe que tu as bien dormi et que tu as bien récupéré. Si, au contraire, tu te réveilles avec une sensation de fatigue, c'est que tu n'as pas assez dormi ou pas suffisamment bien dormi. La journée à l'école risque de te paraître longue et ennuyante.

POUR EN SAVOIR PLUS

Consulte l'article « Les adolescents et le sommeil : pourquoi tu en as besoin et comment ne pas en manquer », publié par la Société canadienne de pédiatrie, ou visite leur site Internet, sous la rubrique Santé des ados, www.cps.ca.

Bénéfices	Conséquences
Ton cerveau retient mieux ce que tu as appris pendant la journée et met de l'ordre dans toute cette information.	Ta concentration et ton attention en classe diminuent.
Tu favorises la bonne marche de ta croissance.	Le taux de sucre dans ton sang augmente, et tu manques d'énergie et de vigueur.
Tu permets à ton corps de récupérer et de refaire ses forces pour la journée suivante.	Tu perds ta motivation, car tu ressens souvent de la fatigue, et tu présentes des signes de dépression.
	Tu as envie de dormir pendant les cours.
	Tu es plus facilement irritable et d'humeur changeante.
	Tu as des pertes de mémoire fréquentes et ta capacité à retenir les choses diminue étant donné que le manque de sommeil affaiblit la mémoire à court terme.
	Ta production de l'hormone de croissance, une hormone capitale pour la croissance du corps, est au ralenti.
	Tu prends probablement du poids.

Fais le point

Prends quelques minutes pour remplir le questionnaire ci-dessous. Il t'aidera à réfléchir sur tes habitudes de sommeil, sur la qualité de ton sommeil et sur l'environnement où tu dors.

Questions à se poser	Oui	Non
Question 1 Te couches-tu à peu près à la même heure tous les jours, incluant les fins de semaine ?		X
Question 2 Habituellement, quand tu te mets au lit, t'endors-tu rapidement (en moins de 15 minutes) ?		X
Question 3 Prends-tu beaucoup de temps à t'endormir (plus de 30 minutes) ?	X	
Question 4 T'arrive-t-il souvent de devoir te lever la nuit parce que tu as envie d'uriner ?		X
Question 5 As-tu l'habitude de regarder la télé quand tu es dans ton lit ?		X
Question 6 Dirais-tu que, généralement, tu as l'impression d'avoir suffisamment dormi quand tu te lèves ?		X
Question 7 Au réveil, te sens-tu fatigué ou fatiguée ?	X	
Question 8 Évites-tu de faire plus de 30 minutes d'activité physique d'intensité modérée à élevée moins de 2 heures avant d'aller au lit ?	X	
Question 9 As-tu tendance, une fois au lit, à penser à des choses stressantes, angoissantes ou culpabilisantes ?	X	
Question 10 L'endroit où tu dors est-il silencieux la plupart du temps ?	X	
Question 11 Est-ce que la température y est convenable pour dormir (environ 18 °C) ?		X

Ce que signifient tes réponses.

Question 1

Si tu as répondu « oui », c'est un plus pour toi, car le fait de se coucher régulièrement à la même heure favorise le sommeil. Au contraire, si tu te couches à des heures irrégulières (ex. : 22 h le lundi, 21 h 30 le mardi, 21 h le mercredi, etc.), tu risques d'avoir du mal à t'endormir parce que ton corps n'a pas établi de cycle.

Question 2

Si tu as répondu « oui », tu es un bon dormeur ou une bonne dormeuse.

Question 3

Si tu as répondu « oui », tu as un problème de sommeil dont la cause est peut-être en lien avec tes réponses aux questions 1, 4, 5, 7, 9, 10 et 11.

Question 4

Si tu as répondu « oui », il se peut que tu boives trop avant de te mettre au lit. Vérifie tes habitudes à cet égard. Si tu ne bois pas beaucoup avant d'aller dormir et que tu as tout de même envie d'uriner régulièrement la nuit, parles-en à tes parents.

Question 5

Si tu as répondu « oui », ce n'est pas une bonne habitude puisque ton cerveau n'associe plus le lit au sommeil, mais à l'écoute de la télé. Il se conditionne, en fait, à ne pas dormir puisque tu fais autre chose que dormir quand tu te mets au lit. Pourquoi ne pas regarder la télé dans une autre pièce, et te mettre au lit par la suite ?

Question 6

Si tu as répondu « non », la cause est peut-être en lien avec tes réponses aux questions 1, 4, 5, 7, 9, 10 et 11.

Question 7

Si tu as répondu « oui », c'est que ton sommeil ne te permet pas de récupérer de tes activités quotidiennes. Il est probable que le fait que tu dormes mal soit en lien avec certaines autres réponses que tu as données.

Question 8

Si tu as répondu « oui », c'est un plus pour toi, car plusieurs études ont démontré que l'activité physique aide à dormir, à la condition de ne pas en faire deux heures avant d'aller au lit. Sinon, tu risques d'avoir les yeux grands ouverts comme une chouette !

Question 9

Si tu as répondu « oui », il est certain que tu vas mettre du temps à t'endormir, car ton cerveau est occupé à réfléchir, et de manière intense en plus. Si tu as des ennuis ou des pensées angoissantes, parles-en à tes parents, ou à des personnes en qui tu as confiance à l'école (ex. : enseignants, psychoéducateurs, travailleurs sociaux, infirmiers, etc.), mais, surtout, évite de garder tout ça pour toi et d'y penser même quand tu te mets au lit. Tu peux aussi écrire ton journal personnel pour permettre à ton esprit de se libérer de ces idées et de se mettre dans un état favorisant le sommeil.

Question 10

Si tu as répondu « non », il faudrait remédier au problème de bruit. Si les bruits du logis ou de la rue ne te dérangent pas, alors il n'y a pas de problème.

Question 11

Si tu as répondu « non », il est probable qu'il fasse trop chaud dans ta chambre pour bien y dormir. Parles-en à tes parents.

④ L'hygiène personnelle

Microorganismes

Êtres vivants invisibles à l'œil nu jouant un rôle essentiel dans tous les cycles de la vie. Ils englobent les virus, les **bactéries** et autres organismes susceptibles parfois de causer des maladies.

Bactéries

Êtres vivants invisibles à l'œil nu et formés d'une seule cellule, présents un peu partout : l'air, les sols, l'eau, la peau. Certaines provoquent des maladies, d'autres sont très utiles à l'être humain, telles les bactéries présentes dans l'intestin et qui participent à la digestion.

L'impact de la propreté sur la santé publique

L'hygiène personnelle s'est développée au début du 20e siècle. C'est à cette époque qu'a augmenté la proportion de ménages desservis par un système de distribution d'eau potable. La fabrication de savon a alors augmenté aussi. En même temps, les salles de bain et les toilettes ont fait leur apparition dans les habitations et les lieux publics. Pendant cette période, les gens ont été encouragés à laver fréquemment leur corps et leurs vêtements. Il faut savoir que le lavage du corps et des vêtements diminue les concentrations de microorganismes (microbes). Grâce à l'amélioration de l'hygiène autour de toi, l'espérance de vie a augmenté de près de 40 % et la mortalité infantile a diminué de 650 % depuis 1950.

Comme on l'a mentionné au début de ce cahier, tu as une espérance de vie plus élevée que celle de tes ancêtres, et cela, bien sûr, grâce au progrès de la médecine, mais aussi grâce à l'amélioration des pratiques de l'hygiène personnelle.

Il suffit de se rappeler, par exemple, qu'à l'époque pas si lointaine des grands rois et des grandes reines de France et d'Angleterre, le savon et les toilettes n'existaient même pas. Les personnes de cette époque se parfumaient beaucoup pour chasser certaines odeurs.

Il y a encore moins longtemps, on ne pouvait pas garder au frais la viande et les poissons. Les risques de contamination de la nourriture par les **microorganismes** (microbes) étaient alors très fréquents.

Aujourd'hui, les pratiques de l'hygiène de base, qui consistent à laver son corps régulièrement et à garder au frais les aliments périssables, sont en usage dans un grand nombre de pays et servent à prévenir les infections et les maladies infectieuses.

L'hygiène concerne également l'entretien et la propreté de tes vêtements, de ta chambre, de ton milieu de vie, des espaces publics comme les rues, les trottoirs, les parcs, la cour de ton école.

La façon la plus simple de vérifier tes pratiques en matière d'hygiène, c'est de faire le point sur tes habitudes et d'interpréter tes comportements.

L'hygiène touche trois aspects différents de la santé :

- **Hygiène mentale**, qui vise à assurer l'intégrité des fonctions psychiques.
- **Hygiène publique**, qui permet d'améliorer la santé de la population par des mesures de désinfection, de salubrité, de conservation des aliments et par la vaccination.
- **Hygiène personnelle**, qui constitue l'ensemble des soins assurant la propreté du corps.

Il faut savoir que le lavage du corps et des vêtements diminue les concentrations de microorganismes (microbes)

Fais le point

Réponds à chacune des questions suivantes en cochant la case correspondant le mieux à ton comportement habituel.

Questions	Toujours	De temps en temps	Rarement, sinon jamais
Question 1 Te brosses-tu les dents chaque jour ?			
Question 2 Utilises-tu la soie dentaire chaque jour ?			
Question 3 Te laves-tu les mains avec du savon avant de manger, après un passage aux toilettes, ou lorsque tu reviens d'un lieu public (ex. : école, hôpital, transport scolaire, centre commercial, etc.) ?			
Question 4 Te laves-tu les cheveux régulièrement ?			
Question 5 Prends-tu ta douche après ton cours d'éducation physique et à la santé ou une séance d'activité physique en prenant bien soin de laver et d'essuyer les endroits suivants, qui sont sujets aux inflammations et aux infections : aines, aisselles, espaces entre les orteils ?			
Question 6 Pour ton cours d'éducation physique, portes-tu des vêtements appropriés (ex. : bas conçus pour absorber l'humidité, short de sport, T-shirt, survêtement, etc.) que tu enlèves après pour mettre des vêtements secs ?			
Question 7 Prends-tu les moyens pour bien dormir ? (Voir les pages 75-76, au besoin.)			
Question 8 Prends-tu les précautions nécessaires quand tu prends une douche à l'école ou dans un autre lieu public (ex. : ne pas partager ta serviette, ta brosse à dents, etc.) ?			

Interprète tes réponses.

Questions 1 et 2
Si tu as coché la case du centre ou la case de droite, tu cours un risque élevé de développer des caries et beaucoup de tartre entre les dents. Le tartre est un dépôt durci de bactéries qui se forme entre les dents, du côté de la langue. À la longue, le tartre augmente le risque de développer une gingivite (inflammation de la gencive). Tu peux remarquer la présence de tartre quand tu as de la difficulté à passer le fil dentaire entre les dents du devant.

Question 3
Se laver les mains régulièrement est un comportement clé de l'hygiène personnelle, parce que chaque fois que tu te laves les mains, tu élimines des milliers de microorganismes et tu diminues ainsi les risques d'infection, même s'il ne s'agit que d'un rhume ou d'une grippe.

Question 4
Comme les cheveux accumulent du gras et des pellicules, il faut les laver fréquemment, selon leur longueur et leurs caractéristiques. Les hormones contribuent à changer l'apparence de tes cheveux. C'est normal et il faut s'ajuster.

Questions 5 et 6
Plusieurs ne le font pas et pourtant ils ont eu chaud et ont probablement sué pendant le cours. Si c'est ton cas, cela signifie que tu remets tes vêtements habituels alors que ton corps n'est pas propre. As-tu pensé aux odeurs qui peuvent se dégager autour de toi dans cette situation ? Il en va de même pour les chaussettes. Si tu portes des chaussettes de tous les jours pour faire du sport ou pendant ton cours d'éducation physique et à la santé, il est certain que la sueur produite par tes pieds ne sera pas bien absorbée. Odeur suspecte en vue !

Question 7
Bien dormir fait partie de l'hygiène personnelle. Si tu ne dors pas suffisamment parce que tu as des comportements qui ne favorisent pas un sommeil réparateur, il serait préférable de changer la situation.

Question 8
Il ne faut jamais partager tes accessoires personnels comme ta serviette, ta brosse à dents, ton peigne à cheveux, etc.

⑤ Des substances nuisibles pour ta santé

On consomme largement ces substances parce qu'elles créent, parfois très rapidement, une dépendance physiologique et psychologique

Plusieurs substances peuvent nuire à la santé. Le tabac, l'alcool et les drogues illicites sont les substances nuisibles pour ta santé les plus répandues sur la planète. Mais, il faut aussi prendre en considération les substances psychoactives comme la caféine qui se retrouvent dans le café, les boissons gazeuses ainsi que dans le thé (eh oui ! même les thé et café glacés).

On consomme largement ces substances parce qu'elles créent, parfois très rapidement, une dépendance physiologique (l'organisme en redemande) et psychologique (le cerveau en redemande pour relaxer ou s'évader). Autrement dit, une personne peut devenir, en quelques mois seulement, accro au tabac, à la marijuana ou à l'alcool. Voyons comment ces dépendances peuvent nuire à la santé.

5.1 Le tabac ou la santé qui part en fumée

La plupart du temps, le tabac est consommé sous la forme de cigarettes. Or, en allumant une cigarette, on active une véritable usine de **produits toxiques**.

En effet, la fumée dégagée par une cigarette contient plus de 4000 substances chimiques, dont au moins 50 sont reconnues comme pouvant causer le cancer. Cependant, la substance qui fait de toi un ou une accro est présente de façon naturelle dans la feuille de tabac, et ce, en grande quantité. C'est la **nicotine**. S'il n'y avait pas de nicotine, il n'y aurait probablement pas de fumeurs sur cette planète. Mais ce n'est pas le cas. Alors, chaque jour qui passe, des jeunes deviennent accros à la plante à Nicot.

Produit toxique

Substance qui, une fois introduite dans l'organisme, nuit à la vie de l'être ou de ses composantes, pouvant aller jusqu'à causer la mort. On les appelle couramment des *poisons*.

Nicotine

Substance toxique contenue dans le tabac, qui entraîne une forte dépendance.

Chez les filles, l'adolescence entraîne souvent des changements physiques tels que les rondeurs. C'est normal : c'est l'effet de certaines hormones, dont les œstrogènes. Donc, si ces changements sont normaux, crois-tu que les combattre en fumant soit une bonne solution ? Crois-tu que consommer de la nicotine pour ressembler aux autres soit un choix santé ? Bien au contraire, évidemment ! D'ailleurs, la majorité des filles ne fument pas, c'est tout dire !

On estime que 15 % des garçons de 12-13 ans sont des fumeurs occasionnels, mais, chez les filles, ce chiffre grimpe à 20 %. La peur de prendre du poids est une des raisons de fumer invoquées par les filles, surtout par celles qui sont inactives, parce que la cigarette agit comme un coupe-faim !

La bonne nouvelle, c'est que les jeunes fument de moins en moins. En fait, la tendance s'est renversée ces dernières années, à un point tel que fumer n'est peut-être plus du tout branché !

Est-ce que ça vaut vraiment la peine que tu deviennes accro à la cigarette ?

Je fume parce que mes amis fument

Si tu fumes depuis quelque temps ou que tu as envie d'essayer, il y a fort à parier que c'est parce que tu as des amis autour de toi qui fument. Voici quelques réflexions que te soumet **La gang allumée pour une vie sans fumée**.

> Y a-t-il une règle qui dit qu'on doit tout faire comme nos amis ?

> Si tu ne fumes pas, penses-tu que tes amis vont te rejeter pour ça ? Si tu crois que oui, penses-tu que c'est ça, des vrais amis ? Si tu réponds «non», pourquoi fumer alors ?

> Tu te dis peut-être : «Quand je les vois fumer, ça me donne le goût...» Ça, c'est plus compliqué. C'est relié à des aspects de ta personnalité. Disons que tu pourrais te demander pourquoi tu as tellement besoin de faire comme les autres, peu importe les conséquences.

> Tu sais sans doute qu'il y a peu de chances que tu fréquentes encore, dans quelques années, tes amis fumeurs d'aujourd'hui. Alors, est-ce que ça vaut vraiment la peine que tu deviennes accro à la cigarette ?

> Penses-tu que tes amis n'aimeraient pas se débarrasser de la cigarette, mais qu'ils n'osent pas en parler ?

> C'est la réalité : entre le tiers et la moitié des jeunes fumeurs désirent se libérer de leur dépendance à la cigarette !

POUR EN SAVOIR PLUS

Si tu fumes et que tu souhaites arrêter ou si tu veux en savoir plus sur les effets de la cigarette sur la santé, visite le site Internet de La gang allumée www.lagangallumee.com ou www.jarrete.qc.ca.

Avis aux fumeurs !

À chaque bouffée, tu envoies de la nicotine à ton cerveau en moins de 20 secondes. L'industrie du tabac a bien compris que c'est la façon la plus rapide d'envoyer une drogue à ton cerveau et de te rendre dépendant ou dépendante. Prends bien note que ça prend moins de cinq cigarettes pour développer une dépendance chez de nombreux adolescents !

La naissance d'une dépendance

Les résultats d'une étude très pertinente, menée par des chercheurs de l'Université de Montréal auprès de 1293 élèves de 1re secondaire dans 10 écoles de Montréal, permettent de tracer le parcours typique des jeunes fumeurs.

Ces chercheurs ont suivi les jeunes participants à l'étude à partir de 1999. Le groupe témoin était composé de 479 jeunes ayant déjà fumé, et de 814 autres jeunes qui n'avaient jamais fumé. Au total, 44 % des jeunes ont commencé à fumer pendant la période couverte par l'étude.

L'étude illustre les faits suivants :

- **Après la première inhalation,** un ou une jeune de 12-13 ans met généralement 1 mois ou 2 avant de griller sa première cigarette entière.
- **Au bout de neuf mois,** il ou elle fumera sur une base mensuelle.
- **Après 20 mois,** il ou elle en sera à une consommation hebdomadaire.
- **Après 24 mois,** il ou elle fumera sur une base quotidienne.

Au cours des deux premiers mois suivant la première cigarette, les jeunes sont « naïvement certains qu'ils sont capables d'écraser et qu'ils l'ont d'ailleurs déjà fait et pour toujours », peut-on lire dans l'étude. C'est là une erreur ! Deux ans après leur première cigarette, « environ 40 % des fumeurs perdaient confiance en leur capacité à écraser et 35 % étaient conscients de la difficulté de cesser de fumer ».

« Les résultats démontrent que les fumeurs adolescents veulent et essaient d'arrêter de fumer, mais que peu y arrivent pour une longue période », estime Rob Cunningham, analyste de politique principal à la Société canadienne du cancer, l'organisme finançant l'étude.

> **Les jeunes sont « naïvement certains qu'ils sont capables d'écraser »**

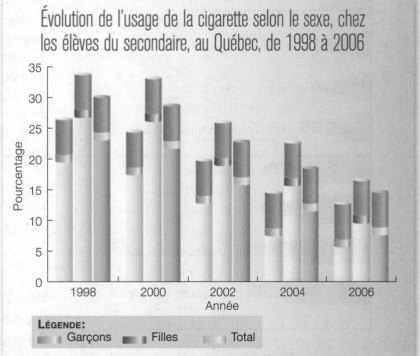

Évolution de l'usage de la cigarette selon le sexe, chez les élèves du secondaire, au Québec, de 1998 à 2006

Pourcentage / Année

LÉGENDE : Garçons   Filles   Total

Source : Institut de la statistique du Québec, *Enquête québécoise sur le tabagisme chez les élèves du secondaire*, 1998, 2000 et 2002 et *Enquête québécoise sur le tabac, l'alcool, la drogue et les jeunes du secondaire*, 2004 et 2006.

5.2 L'alcool

Il est fort probable que l'alcool ne te dise rien, comme c'est le cas pour la très grande majorité des jeunes de 12-13 ans. Si tu as déjà pris de l'alcool en goûtant à une bière ou à un verre de vin ou de spiritueux, tu n'as probablement pas recommencé, car le goût ne t'a pas plu.

Toutefois, si tu prends un punch au vin *(cooler)*, le goût de cette boisson s'apparente à celui d'une boisson gazeuse, donc à quelque chose que tu connais. Les grandes compagnies qui les commercialisent ont bien compris cela ! Tu es fort susceptible d'en reprendre. Malheureusement, c'est ainsi que plusieurs ados découvrent l'alcool.

D'autres en ont fait la découverte lors de soirées bien arrosées du temps des fêtes, de mariages, de fêtes entre amis ou de soirées de danse.

Qu'importe comment se déroule l'initiation, il reste que, selon des données recueillies par le gouvernement du Québec en 2006, 5 % des jeunes de ton âge sont déjà des consommateurs réguliers d'alcool, soit 1 jeune sur 20. Ce dernier chiffre te paraît peut-être peu élevé mais, dans les faits, c'est inquiétant ! Certains ont même déjà participé à des concours de *calage*, une pratique, potentiellement mortelle, qui consiste à avaler de grandes quantités d'alcool en très peu de temps.

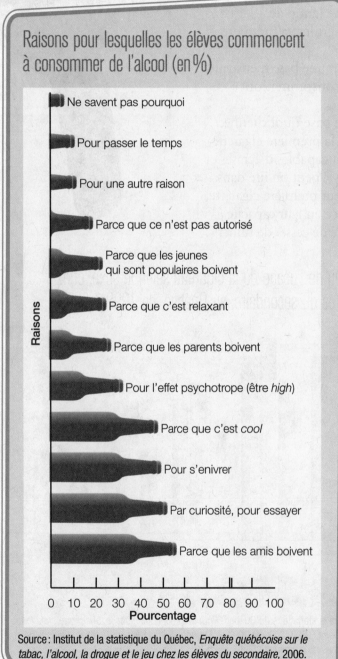

Raisons pour lesquelles les élèves commencent à consommer de l'alcool (en %)

Raisons (axe vertical)
- Ne savent pas pourquoi
- Pour passer le temps
- Pour une autre raison
- Parce que ce n'est pas autorisé
- Parce que les jeunes qui sont populaires boivent
- Parce que c'est relaxant
- Parce que les parents boivent
- Pour l'effet psychotrope (être *high*)
- Parce que c'est *cool*
- Pour s'enivrer
- Par curiosité, pour essayer
- Parce que les amis boivent

Pourcentage : 0 10 20 30 40 50 60 70 80 90 100

Source : Institut de la statistique du Québec, *Enquête québécoise sur le tabac, l'alcool, la drogue et le jeu chez les élèves du secondaire*, 2006.

Une pratique, potentiellement mortelle, qui consiste à avaler de grandes quantités d'alcool en très peu de temps

Tout bien réfléchi !

Dans le texte ci-dessous, souligne les causes de la consommation d'alcool chez les jeunes et encercle les conséquences possibles.

Les gars, les filles et l'alcool

Chez les gars et chez les filles, le facteur *amitié* joue un rôle de premier plan dans la décision de boire ou non de l'alcool. Les ados ayant dans leur entourage au moins cinq amis intimes qui prennent de l'alcool courent neuf fois plus de risques d'en consommer que les ados entourés d'amis qui ne boivent pas.

Les filles affirment consommer de l'alcool pour améliorer leur humeur et leur confiance en elles, diminuer la tension, gérer leurs problèmes, être moins timides, se sentir séduisantes ou perdre du poids. Les gars disent en prendre pour vivre l'expérience d'un *high* et pour améliorer leur statut social.

Les ados de 12 à 14 ans croient avoir plus de chance de vivre les aspects positifs de l'alcool (se sentir bien, être accepté par ses pairs) que les aspects négatifs. Malgré ce bel optimisme, la consommation d'alcool chez les ados coûte cher à la société. Elle est associée aux principales causes de décès chez les jeunes : blessures accidentelles, suicides et meurtres. D'autres conséquences néfastes sont à craindre : dépendance, troubles de mémoire et d'apprentissage, piètres résultats scolaires, comportements à risque, vulnérabilité sexuelle, victimisation.

L'alcool réduit tes facultés, soit tes réflexes, ton jugement et tes capacités intellectuelles. À ton âge, la norme, c'est ALCOOL ZÉRO !

Source : Adapté de Réseau Éducation-Médias, *Les gars, les filles et l'alcool* [en ligne]. (Consulté le 27 octobre 2008.)

POUR EN SAVOIR PLUS

Si tu te poses des questions sur la dépendance à l'alcool, tu peux consulter le volet Jeunesse du site Éduc'alcool à l'adresse www.educalcool.qc.ca, où tu trouveras des capsules vidéo fort bien faites et drôles, en plus d'un amusant jeu-questionnaire intitulé « Quelques colles sur l'alcool ».

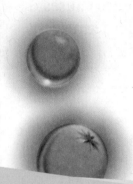

5.3 La troisième dépendance : les *drogues illégales*

D'abord, qu'est-ce qu'une drogue ? Une drogue, c'est une substance que tu absorbes et qui change ton humeur. Le tabac et l'alcool sont-ils des drogues, étant donné que ces produits affectent l'humeur ? Absolument, mais ce sont des produits légaux qu'un adulte de 18 ans et plus peut se procurer au dépanneur du coin.

Par contre, la marijuana, le hasch, la cocaïne, l'**ecstasy** ou encore la **méthamphétamine**, pour n'en nommer que quelques-unes, sont des drogues illégales et très nuisibles pour ta santé.

Bien sûr, la curiosité ou l'envie de faire comme les autres t'ont peut-être donné l'idée d'en faire l'expérience. Si ça s'est arrêté là, on peut dire que ça a été une expérience, et c'est tout. Mais si tu continues dans cette voie, tu pourrais devenir accro au même titre que les fumeurs ou les buveurs d'alcool.

Ecstasy

L'ecstasy, aussi appelée *MDMA*, est une drogue de fabrication *maison* composée d'amphétamines et d'autres substances toxiques, dont le principal effet est une forte diminution de la production de sérotonine, une hormone essentielle au bon fonctionnement du cerveau, ce qui amène des problèmes liés à la dépression et aux changements d'humeur, ainsi que des problèmes de concentration et de mémoire.

Méthamphétamine

La méthamphétamine, souvent appelée *pill* ou *peanut* lorsqu'elle se présente en comprimés, ou *crystal meth*, *ice*, *tina* ou *speed* lorsqu'elle se présente en cristaux, est une neurotoxine fabriquée dans des laboratoires *maison*, à partir de produits hautement toxiques. Elle peut provoquer de sérieux désordres émotionnels et une forte dépendance, et ce, en très peu de temps.

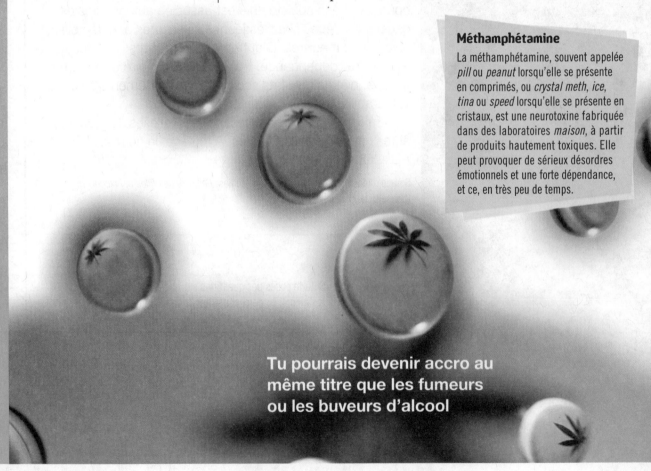

Tu pourrais devenir accro au même titre que les fumeurs ou les buveurs d'alcool

C'est là que tu risques d'avoir toutes sortes d'ennuis, à commencer par une perte marquée de concentration à l'école, ce qui aura un effet direct sur tes résultats scolaires. Aussi, tu risques de développer de mauvaises habitudes de vie, spécialement dans ta vie sociale, en ayant une forte tendance à t'isoler et à ne plus bouger, et dans ton alimentation, en répondant à tes fringales de façon exagérée et irréfléchie ou, au contraire, en ne te nourrissant plus de façon suffisante. Les drogues dites *douces* ont généralement pour effet de creuser l'appétit, tandis que les drogues dites *dures* agissent le plus souvent comme des coupe-faims.

De plus, les drogues dites *douces* comme la marijuana, qui est, soit dit en passant, la drogue la plus consommée par les jeunes, ne sont pas si inoffensives que ça.

Si tu veux en savoir plus sur les **effets des drogues sur la santé physique et mentale**, consulte le Compagnon Web.

Cannabis

Plante dont le principe actif responsable des effets psychotropes est le THC (tétra-hydrocannabinol), une substance toxique inscrite sur la liste des drogues illégales. Sa concentration est très variable selon les préparations et la provenance du produit, mais elle est de plus en plus élevée grâce aux techniques de sélection et de manipulation génétique. Le cannabis est à la fois un psychostimulant et un psychodépresseur. Il agit comme une substance hallucinogène.

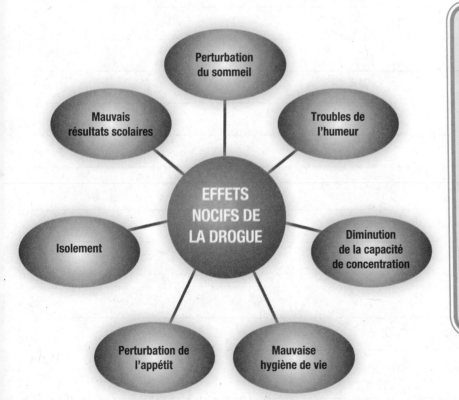

EFFETS NOCIFS DE LA DROGUE

- Perturbation du sommeil
- Troubles de l'humeur
- Mauvais résultats scolaires
- Diminution de la capacité de concentration
- Isolement
- Perturbation de l'appétit
- Mauvaise hygiène de vie

À poids égal, la fumée de **cannabis** fournit 50 % plus de goudron que celle d'une marque populaire de tabac fort. En outre, la concentration de certains agents cancérigènes retrouvés dans le goudron de la marijuana est plus élevée que celle d'une même quantité de goudron du tabac. Enfin, la fumée d'un joint de cannabis est habituellement inhalée plus profondément et retenue plus longtemps dans les poumons que la fumée d'une cigarette. Ainsi, un joint de cannabis peut théoriquement causer autant de problèmes pulmonaires que 4 à 10 cigarettes. De plus, des études récentes indiquent que la consommation régulière de cannabis favorise la dépression.

Fais le point

1 Quelles sont les trois substances nuisibles pour la santé les plus populaires dans le monde ? Inscris les trois substances sous la colonne de gauche et donne deux exemples de chacune sous la colonne de droite.

Substances	Exemples de substances
1.	a.
	b.
2.	a.
	b.
3.	a.
	b.

2 En te référant à la définition de *produit toxique* donnée à la page 80, écris dans tes mots ce qu'est un produit toxique et donne deux exemples.

Définition : _____

_____

_____

_____

_____

_____

Exemple 1 : _____

_____

_____

Exemple 2 : _____

_____

_____

Ton plan d'action

Tu dois concevoir, puis mettre en pratique, un plan d'action dans le but d'améliorer certaines de tes habitudes de vie, dont la pratique régulière d'une activité physique.

En 1re secondaire, ton enseignant ou ton enseignante te demandera d'inclure dans ton plan d'action personnel au moins une activité physique en respectant les règles suivantes :

- Pratiquer l'activité choisie avec une intensité modérée à élevée (voir la page 33).
- Pratiquer cette activité pendant une durée minimale de 20 minutes, sans temps d'arrêt, au moins 3 fois par semaine.
- T'engager à pratiquer l'activité de ton choix pendant au moins huit semaines, c'est-à-dire l'équivalent d'une étape.

Tu peux en faire plus… mais pas moins ! Tu ne dois pas l'oublier et tu dois être réaliste pour te permettre de réussir.

N'hésite pas à consulter les pages de ton cahier pour te rappeler les informations et les tests que tu dois utiliser.

Paul-Émile :
Une motivation forte, c'est comme un bouclier !

Karolanne :
Je me donne toujours des objectifs pour m'améliorer.

TON PLAN D'ACTION

ÉTAPE 1 Volet Activité physique

Ton objectif : Améliorer ou maintenir ton endurance cardiovasculaire.

Reporte ici le résultat obtenu lors de ton test d'endurance cardio-vasculaire (voir les pages 46 ou 47) :

Nom du test _____ **Résultat** _____

Endurance cardiovasculaire en fonction de ce résultat :

TRÈS ÉLEVÉE ☐   MOYENNE ☐

ÉLEVÉE ☐   SOUS LA MOYENNE ☐

Précise si tu veux maintenir ton niveau d'endurance actuel parce que, selon le test, il est déjà élevé ou très élevé, ou si tu veux l'améliorer parce qu'il est moyen ou sous la moyenne.

LE MAINTENIR ☐   L'AMÉLIORER ☐

Activités choisies :

1. _____

2. _____

Indique comment ces activités te permettront d'améliorer ou de maintenir ton endurance cardiovasculaire.

_____

_____

_____

_____

_____

Réaliseras-tu ce programme de mise en forme en solo ou en groupe ?

EN SOLO ☐   EN GROUPE ☐

Indique les personnes qui t'accompagneront.

AMIS ☐   CAMARADES DE CLASSE ☐

COÉQUIPIERS D'UNE ÉQUIPE DE SPORT ☐   MEMBRES DE LA FAMILLE ☐

En tenant compte de ta disponibilité, des équipements auxquels tu as facilement accès et de ta condition physique, prends quelques minutes pour remplir le tableau ci-contre. Il s'agit en quelque sorte de ton plan de match pour le volet Activité physique.

MODALITÉ DE PRATIQUE ET HORAIRE D'UNE SEMAINE TYPE

Activités	Fréquence/semaine	Durée/séance	Intensité/séance	Horaire type
1.	1 FOIS ☐	20 min ☐	MODÉRÉE ☐	**Lundi:** de ____ h à ____ h
	2 FOIS ☐	30 min ☐	ÉLEVÉE ☐	**Mardi:** de ____ h à ____ h
	3 FOIS ☐	35 min ☐	MODÉRÉE ET ÉLEVÉE ☐	**Mercredi:** de ____ h à ____ h
	4 FOIS ☐	40 min ☐	CALCUL DE TA FCC*:	**Jeudi:** de ____ h à ____ h
	5 FOIS ☐	45 min ☐	MIN _____	**Vendredi:** de ____ h à ____ h
	6 FOIS ☐	50 min ☐	MAX _____	**Samedi:** de ____ h à ____ h
	7 FOIS ☐	60 min ☐		**Dimanche:** de ____ h à ____ h
		_____ min		
2.	1 FOIS ☐	20 min ☐	MODÉRÉE ☐	**Lundi:** de ____ h à ____ h
	2 FOIS ☐	30 min ☐	ÉLEVÉE ☐	**Mardi:** de ____ h à ____ h
	3 FOIS ☐	35 min ☐	MODÉRÉE ET ÉLEVÉE ☐	**Mercredi:** de ____ h à ____ h
	4 FOIS ☐	40 min ☐	CALCUL DE TA FCC*:	**Jeudi:** de ____ h à ____ h
	5 FOIS ☐	45 min ☐	MIN _____	**Vendredi:** de ____ h à ____ h
	6 FOIS ☐	50 min ☐	MAX _____	**Samedi:** de ____ h à ____ h
	7 FOIS ☐	60 min ☐		**Dimanche:** de ____ h à ____ h
		_____ min		

* Calcul de la fréquence cardiaque cible (FCC) : 220 — âge

Par exemple, si tu as 12 ans, voici le calcul :

FCC : 220 — 12 = 208

FCC minimale : 208 × 75 % = 156 battements/min

FCC maximale : 208 × 85 % = 177 battements/min

Pendant ton effort cardiovasculaire, ta fréquence cardiaque cible (FCC) devra donc se situer entre 156 et 177 battements à la minute, ou entre 39 et 44 battements aux 15 secondes.

TON PLAN D'ACTION

ÉTAPE 2 ## Volet Habitudes de vie

Ton objectif : Améliorer trois comportements liés aux habitudes de vie, *autres que la pratique régulière de l'activité physique.*

Dans le tableau ci-dessous, on te présente une liste de comportements à adopter en matière d'alimentation, de sommeil et d'hygiène personnelle. Tu peux effectuer tes choix parmi ceux-ci ou en choisir d'autres de ton cru.

Habitudes en matière d'alimentation	Habitudes en matière de sommeil	Habitudes en matière d'hygiène
Déjeuner tous les matins.	Essayer de me coucher à la même heure le plus souvent possible.	Me brosser les dents chaque jour.
Manger plus de fruits et de légumes.	Éviter d'avoir des pensées négatives au moment d'aller au lit.	Passer la soie dentaire au moins une fois par jour.
Manger des céréales riches en grains entiers.	Éviter de faire des activités physiques vigoureuses deux heures avant de me coucher.	Me laver les mains avant de manger ou après un passage aux toilettes.
Consommer tous les jours du lait ou des substituts du lait (ex. : fromage, yogourt, boisson de soya).	Respecter le nombre d'heures de sommeil dont j'ai besoin (surtout la semaine).	Me laver les cheveux régulièrement.
Éviter de grignoter en regardant la télé ou en surfant sur Internet.	Éviter de consommer des produits contenant de la caféine le soir.	Prendre ma douche après mon cours d'éducation physique et à la santé.
Modérer ma consommation d'aliments riches en gras, en sucre raffiné et en sel (ex. : pâtisseries, beignes, frites, crème glacée, croustilles, boissons gazeuses).		Porter des vêtements appropriés et utiliser des équipements adéquats quand je pratique une activité physique.
Éviter de manger juste avant d'aller au lit.		Prendre les moyens nécessaires pour mieux dormir.
Prendre une collation santé l'avant-midi et l'après-midi (ex. : un fruit, un jus de fruit naturel, des noix, du fromage, etc.).		
Boire suffisamment d'eau quand je suis physiquement actif ou active.		

Indique trois comportements liés à tes habitudes de vie que tu souhaites modifier. Par exemple : manger au moins quatre portions de fruits et légumes par jour ; te coucher à des heures régulières ; ne pas fumer ; etc.

Comportement 1
Comportement 2
Comportement 3

Justifie chacun de tes choix.

_____

_____

_____

ÉTAPE 3 # Ton journal de bord

Complète ton journal de bord pour les huit semaines d'application de ton plan d'action.

		Volet Activité physique			Volet Habitudes de vie
	ACTIVITÉS		**DURÉE TOTALE**	**INTENSITÉ MOYENNE** Modérée (M) Élevée (E) Modérée et élevée (ME)	**COMPORTEMENTS À MODIFIER** J'y parviens toujours (A) J'y parviens de temps à autre (B) J'y parviens rarement (C)
Semaine 1 du ___ au ___	1. _____		_____	INTENSITÉ ____ Fcc enregistrée : ____	**Comportement 1** ___
	2. _____		_____	INTENSITÉ ____ Fcc enregistrée : ____	**Comportement 2** ___
	3. _____		_____	INTENSITÉ ____ Fcc enregistrée : ____	**Comportement 3** ___
Semaine 2 du ___ au ___	1. _____		_____	INTENSITÉ ____ Fcc enregistrée : ____	**Comportement 1** ___
	2. _____		_____	INTENSITÉ ____ Fcc enregistrée : ____	**Comportement 2** ___
	3. _____		_____	INTENSITÉ ____ Fcc enregistrée : ____	**Comportement 3** ___

AJUSTEMENTS À APPORTER, SI NÉCESSAIRE, APRÈS CES DEUX SEMAINES

Tu expérimentes ton plan d'action depuis maintenant deux semaines. Note, s'il y a lieu, les difficultés que tu as éprouvées.

_____

_____

_____

Crois-tu pouvoir surmonter ces difficultés ?   Oui ☐   Non ☐

Si oui, comment ?

_____

_____

_____

Si non, as-tu apporté des changements à ton plan ? Lesquels ?

_____

_____

TON PLAN D'ACTION

	Activités	Durée totale	Intensité moyenne Modérée (M) Élevée (E) Modérée et élevée (ME)	Comportements à modifier J'y parviens toujours (A) J'y parviens de temps à autre (B) J'y parviens rarement (C)
Semaine 3 du ___ au ___	1. _____	___	Intensité ___ Fcc enregistrée : ___	**Comportement 1** ___
	2. _____	___	Intensité ___ Fcc enregistrée : ___	**Comportement 2** ___
	3. _____	___	Intensité ___ Fcc enregistrée : ___	**Comportement 3** ___
Semaine 4 du ___ au ___	1. _____	___	Intensité ___ Fcc enregistrée : ___	**Comportement 1** ___
	2. _____	___	Intensité ___ Fcc enregistrée : ___	**Comportement 2** ___
	3. _____	___	Intensité ___ Fcc enregistrée : ___	**Comportement 3** ___

Colonnes : Volet Activité physique | Volet Habitudes de vie

Ajustements à apporter, si nécessaire, après ces deux semaines

Tu expérimentes ton plan d'action depuis maintenant quatre semaines. Note, s'il y a lieu, les difficultés que tu as éprouvées.

_____

_____

_____

Crois-tu pouvoir surmonter ces difficultés ? Oui ☐ Non ☐

Si oui, comment ?

_____

_____

_____

Si non, as-tu apporté des changements à ton plan ? Lesquels ?

_____

_____

_____

			Volet Activité physique		Volet Habitudes de vie
		ACTIVITÉS	**DURÉE** TOTALE	**INTENSITÉ MOYENNE** MODÉRÉE (M) ÉLEVÉE (E) MODÉRÉE ET ÉLEVÉE (ME)	**COMPORTEMENTS À MODIFIER** J'Y PARVIENS TOUJOURS (A) J'Y PARVIENS DE TEMPS À AUTRE (B) J'Y PARVIENS RAREMENT (C)
Semaine 5 du ___ au ___		1. _____	_____	INTENSITÉ ___ FCC ENREGISTRÉE : ___	**Comportement 1** ___
		2. _____	_____	INTENSITÉ ___ FCC ENREGISTRÉE : ___	**Comportement 2** ___
		3. _____	_____	INTENSITÉ ___ FCC ENREGISTRÉE : ___	**Comportement 3** ___
Semaine 6 du ___ au ___		1. _____	_____	INTENSITÉ ___ FCC ENREGISTRÉE : ___	**Comportement 1** ___
		2. _____	_____	INTENSITÉ ___ FCC ENREGISTRÉE : ___	**Comportement 2** ___
		3. _____	_____	INTENSITÉ ___ FCC ENREGISTRÉE : ___	**Comportement 3** ___

AJUSTEMENTS À APPORTER, SI NÉCESSAIRE, APRÈS CES DEUX SEMAINES

Tu expérimentes ton plan d'action depuis maintenant six semaines. Note, s'il y a lieu, les difficultés que tu as éprouvées.

_____

_____

_____

Crois-tu pouvoir surmonter ces difficultés ? OUI ☐ NON ☐

Si oui, comment ?

_____

_____

_____

Si non, as-tu apporté des changements à ton plan ? Lesquels ?

_____

_____

_____

TON PLAN D'ACTION

	Volet Activité physique			**Volet Habitudes de vie**
	ACTIVITÉS	DURÉE TOTALE	INTENSITÉ MOYENNE MODÉRÉE (M) ÉLEVÉE (E) MODÉRÉE ET ÉLEVÉE (ME)	COMPORTEMENTS À MODIFIER J'Y PARVIENS TOUJOURS (A) J'Y PARVIENS DE TEMPS À AUTRE (B) J'Y PARVIENS RAREMENT (C)
Semaine 7 ___ au ___ du ___	1. _____	____	INTENSITÉ ____ FCC ENREGISTRÉE : ____	**Comportement 1** ___
	2. _____	____	INTENSITÉ ____ FCC ENREGISTRÉE : ____	**Comportement 2** ___
	3. _____	____	INTENSITÉ ____ FCC ENREGISTRÉE : ____	**Comportement 3** ___
Semaine 8 ___ au ___ du ___	1. _____	____	INTENSITÉ ____ FCC ENREGISTRÉE : ____	**Comportement 1** ___
	2. _____	____	INTENSITÉ ____ FCC ENREGISTRÉE : ____	**Comportement 2** ___
	3. _____	____	INTENSITÉ ____ FCC ENREGISTRÉE : ____	**Comportement 3** ___

AJUSTEMENTS À APPORTER, SI NÉCESSAIRE, APRÈS CES DEUX SEMAINES

Tu expérimentes ton plan d'action depuis maintenant huit semaines. Note, s'il y a lieu, les difficultés que tu as éprouvées.

_____

_____

_____

Crois-tu pouvoir surmonter ces difficultés ?   OUI ☐   NON ☐

Si oui, comment ?

_____

_____

_____

Si non, as-tu apporté des changements à ton plan ? Lesquels ?

_____

_____

_____

_____

ÉTAPE 4   # Ton bilan

Te voilà enfin au fil d'arrivée, après huit semaines d'application de ton plan d'action.

A. As-tu atteint ton objectif en ce qui concerne ton endurance cardiovasculaire ?

Oui ☐   Non ☐

Si oui, démontre-le en reportant ici les résultats des évaluations de ton endurance cardiovasculaire.

Nom du test	Test 1 Date : _____	Test 2 Date : _____	Test 3 Date : _____
_____	Résultat : _____ Niveau : _____	Résultat : _____ Niveau : _____	Résultat : _____ Niveau : _____

Si non, parmi les raisons suivantes, coche celles qui pourraient expliquer que tu n'aies pas atteint ton objectif.

MANQUE DE RÉGULARITÉ ☐   DURÉE DE L'EFFORT INSUFFISANTE ☐

INTENSITÉ DE L'EFFORT TROP FAIBLE ☐   FRÉQUENCE HEBDOMADAIRE INSUFFISANTE ☐

B. As-tu atteint ton objectif du volet Habitudes de vie en ce qui concerne l'amélioration de trois comportements ?

OUI, À 100 % ☐   OUI, EN PARTIE ☐   NON, PAS DU TOUT ☐

Indique le ou les comportements que tu n'as pas réussi à améliorer.

_____

_____

Pour quelles raisons, selon toi, n'as-tu pas atteint ton objectif à 100 % ?

_____

_____

_____

C. CE QUE TU RETIENS

_____

_____

_____

_____

_____

Glossaire

B

Bactéries : Êtres vivants invisibles à l'œil nu et formés d'une seule cellule, présents un peu partout : l'air, les sols, l'eau, la peau. Certaines provoquent des maladies, d'autres sont très utiles à l'être humain, telles les bactéries présentes dans l'intestin et qui participent à la digestion **(p. 77)**.

Besoins nutritionnels : Quantités d'aliments nécessaires pour assurer le bon fonctionnement du corps **(p. 61)**.

Biologique : Qui a rapport aux phénomènes communs à tous les organismes vivants **(p. 18)**.

C

Caféine : Ingrédient naturel présent dans les feuilles, les graines ou les fruits d'un certain nombre de plantes, dont le café, le thé, le cacao, la noix de kola, le guarana et le maté. Elle est aussi fabriquée et utilisée comme additif alimentaire dans certaines boissons gazeuses et dans certains produits pharmaceutiques comme les médicaments contre le rhume et les analgésiques **(p. 68)**.

Cannabis : Plante dont le principe actif responsable des effets psychotropes est le THC (tétrahydrocannabinol), une substance toxique inscrite sur la liste des drogues illégales. Sa concentration est très variable selon les préparations et la provenance du produit, mais elle est de plus en plus élevée grâce aux techniques de sélection et de manipulation génétique. Le cannabis est à la fois un psychostimulant et un psychodépresseur. Il agit comme une substance hallucinogène **(p. 87)**.

Contraction : Réaction des muscles par laquelle ils se resserrent et deviennent durs **(p. 43)**.

Coordination motrice : Capacité à réaliser un mouvement avec précision **(p. 26)**.

Croissance : Accroissement en dimensions et en poids d'un organisme ou d'un organe résultant de l'élongation et de la multiplication des cellules, jusqu'à son développement complet.

La période de croissance commence avec la naissance et se termine à l'état adulte. En général, la croissance ne se déroule pas selon un rythme constant, mais par périodes d'accélération et de ralentissement. Par exemple, l'adolescence se caractérise par une poussée marquée de la taille et du poids **(p. 17)**.

D

Déshydratation : Déficit en eau qui survient plus rapidement par temps chaud **(p. 70)**.

E

Ecstasy : L'ecstasy, aussi appelée *MDMA*, est une drogue de fabrication *maison* composée d'amphétamines et d'autres substances toxiques, dont le principal effet est une forte diminution de la production de sérotonine, une hormone essentielle au bon fonctionnement du cerveau, ce qui amène des problèmes liés à la dépression et aux changements d'humeur, ainsi que des problèmes de concentration et de mémoire **(p. 86)**.

Espérance de vie : Durée moyenne de la vie des êtres humains dans une société donnée, établie selon le sexe. Pour les enfants nés en 2007, l'espérance de vie était de 78 ans pour un homme et de 83 ans pour une femme **(p. 7)**.

F

Fast food : Expression empruntée à l'anglais qui désigne un repas rapide, c'est-à-dire un aliment préparé et servi rapidement dans des restaurants bon marché. Les repas rapides les plus courants sont les hamburgers, les hot-dogs, la poutine et le poulet frit. Ces repas sont souvent riches en gras, peu variés et peu nutritifs **(p. 25)**.

Flexibilité : Caractère de ce qui se courbe facilement **(p. 26)**.

Force : Tension qu'un muscle ou qu'un groupe de muscles peut opposer à la résistance **(p. 10)**.

G

Glycémie : Taux de glucose (sucre) dans le sang **(p. 64)**.

H

Hormone de croissance : Hormone sécrétée par le cerveau qui stimule la croissance chez les humains et les animaux. Sa production augmente considérablement pendant l'adolescence afin de favoriser, en particulier, la croissance des os, des muscles et des cartilages **(p. 20)**.

Hypoglycémie : Diminution du taux de glucose (sucre) dans le sang **(p. 64)**.

I

Intensité : Degré de force, d'activité, d'énergie **(p. 32)**.

M

Métabolisme : Ensemble des transformations qui s'opèrent dans l'organisme et qui permettent le maintien de la vie **(p. 64)**.

Méthamphétamine : La méthamphétamine, souvent appelée *pill* ou *peanut* lorsqu'elle se présente en comprimés, ou *crystal meth*, *ice*, *tina* ou *speed* lorsqu'elle se présente en cristaux, est une neurotoxine fabriquée dans des laboratoires maison, à partir de produits hautement toxiques. Elle peut provoquer de sérieux désordres émotionnels et une forte dépendance, et ce, en très peu de temps **(p. 86)**.

Microorganismes : Êtres vivants invisibles à l'œil nu jouant un rôle essentiel dans tous les cycles de la vie. Ils englobent les virus, les bactéries et autres organismes susceptibles parfois de causer des maladies **(p. 77)**.

Minéraux : Éléments sans vie (inorganiques) qui ne libèrent aucune énergie, mais qui contribuent au bon fonctionnement du corps **(p. 27)**.

Muscle : Tissu formé de fibres dotées du pouvoir de se contracter en produisant le mouvement. On distingue les muscles striés squelettiques, appelés *muscles volontaires*, qui permettent le mouvement du squelette, et les muscles blancs et lisses, dits *muscles involontaires*, qui assurent les mouvements des organes internes **(p. 24)**.

N

Nicotine : Substance toxique contenue dans le tabac, qui entraîne une forte dépendance **(p. 80)**.

Nutriment : Élément contenu dans les aliments et pouvant être entièrement et directement assimilé par l'organisme. Les nutriments sont généralement classés en nutriments énergétiques (les glucides, les lipides et les protéines) et en nutriments essentiels (les vitamines, les minéraux et l'eau) **(p. 64)**.

P

Produit toxique : Substance qui, une fois introduite dans l'organisme, nuit à la vie de l'être ou de ses composantes, pouvant aller jusqu'à causer la mort. On les appelle couramment des *poisons* **(p. 80)**.

Publicité : Outil de communication qui vise à retenir l'attention et à influencer un groupe ciblé, par exemple les adolescents, afin de les inciter à adopter un comportement souhaité. Ce comportement peut être l'achat d'un certain produit, l'utilisation d'un service, mais aussi l'adoption de comportements sains, etc. **(p. 24)**.

S

Synovie : Liquide visqueux qui lubrifie les articulations mobiles **(p. 54)**.

Système : Un système est un ensemble d'éléments interreliés qui exercent une influence les uns sur les autres. Par exemple, le système respiratoire est formé d'organes (poumons, trachée, nez, etc.) qui te permettent de respirer l'air et de transformer l'oxygène pour que ce gaz soit utilisé par les cellules de ton corps **(p. 18)**.

T

Tension musculaire : État des muscles qui subissent un étirement ou un raccourcissement de leurs fibres **(p. 43)**.

Sources iconographiques

Photographies

ALAMY
p. 66 : R. Whitworth

ARCHIVES LA PRESSE
p. 20 (centre) : R. St-Jean

BIBLIOTHÈQUE ET ARCHIVES
Canada
p. 14 (gauche)

BIBLIOTHÈQUE ET ARCHIVES
NATIONALES DU QUÉBEC
p. 20 (droite)

COMSTOCK
p. 34

CONSEIL QUÉBÉCOIS SUR
LE TABAC ET LA SANTÉ
p. 82

CORBIS
Couverture 1 (droite)
p. 8 (haut)
p. 8 (bas) : Galvezo/zefa
p. 9 : Mika/zefa
p. 18 (gauche) : T. Allofs
p. 20 (haut) : H. van den Heuvel/zefa
p. 23 (4) : Comstock Select
p. 32 : Cultura
p. 42 : S. Westmorland
p. 43 : moodboard
p. 52 : M. Seelen/zefa
p. 54 : M. Hall Photography
p. 55 (haut) : H. van den Heuvel/zefa
p. 70 : Thinkstock
p. 73 : R. Botterell
p. 83 : T. Kruesselmann/zefa

CP IMAGES
Couverture 1 (gauche et haut)
p. 10 (haut) : R. Remiorz
p. 10 (bas) : E. Hoshiko
p. 24

GETTY IMAGES
p. 2-3 : R. Daly

HEALTH HEAD IMAGES
p. 4 (haut)

ISTOCKPHOTO
p. 4 (bas) : C. Veltri
p. 12-13
p. 14 (droite)
p. 23 (1) : G. P. Gonzalez

p. 23 (2) : I. Habur
p. 26
p. 33 (haut) : A. Abelon
p. 33 (bas)
p. 44 : E. Serrabassa
p. 45 : B. Laufenberg
p. 62 (bas, gauche) : V. Rybakova
p. 62 (bas) : F. Anderson
p. 63 (haut) : E. Turudu
p. 64 : A. Geiser
p. 72 : R. Goerg
p. 75
p. 76
p. 77 : D. O'Connell
p. 78
p. 79
p. 80 : M. Cherim
p. 84 : N. Silva
p. 89 : J. Thew

PHOTOTHÈQUE ERPI
p. 18 (bas)
p. 28
p. 29
p. 30
p. 31
p. 56
p. 57
p. 58
p. 59

PLAIN PICTURES
Couverture 1 (bas)
p. 22-23

SA MAJESTÉ DU
CHEF DU CANADA
p. 63 (bas) : Ministre de la Santé
du Canada, 2007

SHUTTERSTOCK
Couverture 1 (centre)
p. 5 : Photobank Kiev
p. 15 : G. Barskaya
p. 21 : R. Sigaev
p. 23 (3) : A. Zhenikeyev
p. 23 (5) : T. Large
p. 27 : A. Landholt
p. 31
p. 35 : S. Kovalev
p. 39 : Ronen
p. 53 : olly
p. 61 (haut) : D. Miraniuk
p. 61 (bas) : S. Glebowski
p. 62 (centre, gauche) : D. Melnikov
p. 65 (haut) : Ultrashock
p. 65 (bas) : Feng Yu
p. 67 : O. Le Queinec

p. 71
p. 74 (haut) : iofoto
p. 74 (bas) : icyimage
p. 81 : kwest
p. 82 : T. Large
p. 85 : Danila
p. 86 : C. Matei
p. 87 : erics
Couverture 4

TANGO PHOTOGRAPHIE
p. 48
p. 49
p. 50
p. 51

THE BRIDGEMAN ART LIBRARY
p. 19 : Private Collection,
Christie's Images

Documents écrits

UNE VIE SAINE ET ACTIVE
p. 10 : Adapté de Chantal Petitclerc,
Biographie [en ligne]. (Consulté le
4 février 2009.)
p. 20 : Adapté des Archives de
Radio-Canada, *Little Beaver : La lutte
d'un nain* [en ligne]. (Consulté le
5 février 2009.)

DES SUBSTANCES
NUISIBLES POUR TA SANTÉ
p. 83 : Louise LEDUC, « Les ados perdent espoir d'arrêter de fumer un jour »,
Cyberpresse [en ligne]. (Consulté le
26 janvier 2009.)
p. 87 : Québec, ministère de la Santé
et des Services sociaux, Service de toxi-
comanie, *Les jeunes et le cannabis* [en
ligne, p. 7]. (Consulté le 5 février 2009.)